U0615164

人民币国际化进程中
汇率的决定和管理研究

卜国军 著

THE RESEARCH ON DETERMINATION AND MANAGEMENT OF
EXCHANGE RATE IN THE PROCESS OF
RMB INTERNATIONALIZATION

中国金融出版社

责任编辑：张翠华
责任校对：潘　洁
责任印制：丁淮宾

图书在版编目（CIP）数据

人民币国际化进程中汇率的决定和管理研究/卜国军著. —北京：中国
金融出版社，2021. 1

ISBN 978 – 7 – 5220 – 0796 – 0

Ⅰ.①人… Ⅱ.①卜… Ⅲ.①人民币汇率 — 研究 Ⅳ.①F832. 63

中国版本图书馆CIP数据核字（2020）第173256号

人民币国际化进程中汇率的决定和管理研究
RENMINBI GUOJIHUA JINCHENG ZHONG HUILÜ DE JUEDING HE GUANLI YANJIU

出版
发行　**中国金融出版社**

社址　北京市丰台区益泽路2号
市场开发部　（010）66024766，63805472，63439533（传真）
网上书店　http：//www.chinafph.com
　　　　　　（010）66024766，63372837（传真）
读者服务部　（010）66070833，62568380
邮编　100071
经销　新华书店
印刷　北京七彩京通数码快印有限公司
尺寸　169毫米×239毫米
印张　11
字数　164千
版次　2021年1月第1版
印次　2021年1月第1次印刷
定价　36.00元
ISBN 978 – 7 – 5220 – 0796 – 0
如出现印装错误本社负责调换　联系电话（010）63263947

人民币汇率的实践解读
（代序）

　　当前，世界经济金融全球化虽然出现逆流，但我国依然坚定地加快改革开放步伐。在此背景下，我国积极扩大国际投融资，在海外发行的债券和股票不断增加，国内资本市场开放力度不断加大，国外资本大量流入。上述对外交往都离不开货币的支付结算，离不开货币之间的折价和兑换。因此，人民币汇率的制度安排、政策方针，特别是人民币汇率走势，以及中国国际收支状况、人民币国际化进程等，越来越引起国内外学者和国际社会的关注。本书就是一名外汇管理工作者对人民币国际化进程中汇率的决定和管理进行深入研究的一次有益尝试。

　　本书作者卜国军，是我在中央财经大学指导的博士，他拥有经济学博士和注册会计师的专业背景、商业银行的工作经历，以及长期从事国际收支统计分析的工作经验，具有研究外汇收支和人民币汇率的实践优势。他勤奋好学，积极思考，笔耕不辍，工作中撰写了大量的分析和课题报告，一些课题报告获得国家外汇管理局、中国人民银行营业管理部课题成果评比一等奖。本书就是他在工作中对人民币国际化进程中汇率决定和管理进行长期思考、专业提炼、实证研究的阶段性成果。

　　本书的研究充满实践特色，其价值体现在以下几个方面：

　　一是研究角度新。在研究人民币国际化对汇率的影响方面，一般研究角度多为境外人民币汇率对境内人民币汇率的影响，境内外汇差和资本流动对人民币汇率的定性影响等，很少有从人民币国际化本身（即涉外收付采用人民币结算、境外离岸人民币市场发展）对人民币汇率的直接影响角度进行定量分析，而本书恰恰从跨境人民币结算替代结售汇进而对人民币汇率产生影响的角度切入进行研究，在分析人民币名义汇率决定和人民币实际有效汇率是否均衡时均结合人民币国际化实际进程，引入了人民币国际化相关变量。

二是研究方法新。本书在研究人民币名义汇率决定时，紧紧抓住人民币名义汇率变化主要取决于以国际收支为基础的外汇供求状况这一本质，确定了人民币名义汇率决定的市场框架。在此框架下，全面分析了国际收支主要项目差额、跨境人民币结算、市场主体外汇资产负债调整、央行干预等渠道的影响机制和影响程度。然后，从影响外汇供求各渠道的经济因素中提炼出可能决定人民币汇率变化的经济因素，进而以这些经济因素为解释变量，以人民币兑美元即期汇率、人民币名义有效汇率为被解释变量进行了实证分析，得出人民币名义汇率的决定因素。该研究方法契合人民币名义汇率决定和外汇市场运行实际，理论依据和实证分析都充满实践新意。

三是研究结论新。本书将人民币国际化因素纳入人民币名义汇率决定和人民币实际有效汇率均衡分析，得出人民币国际化对汇率影响的结论：实证分析期间内，跨境人民币净支付增加1 000亿元，将使人民币兑美元即期汇率升值0.58%；离岸人民币存款规模每扩大1%，将带动人民币实际有效汇率升值0.02%。在人民币汇率管理方面，本书提出人民币汇率管理目标和操作目标不匹配的问题，并建议通过扩大人民币兑美元汇率波动幅度解决该问题，还提出编制人民币名义和实际有效汇率指数，进一步改革人民币汇率形成机制，在人民币国际化进程中对人民币汇率实施"分阶段按不同浮动幅度管理"的策略等结论。这些结论在2015年提出时是具有创新性的，有的在后来实施的政策中得到了体现。

要充分认识到，人民币国际化是人民币成为国际上普遍认可的计价、结算及储备货币的过程，资本项目可兑换是实现货币在资本与金融账户中各交易项目的可兑换，资本项目可兑换并不必然能使货币成为国际货币。资本项目可兑换是由供给方所主导，即货币发行当局根据外汇供给以及其他因素决策的政府行为，而国际货币则是由需求方主导，即由非居民对人民币的偏好决定，需要得到国际社会的广泛认可和接纳，因此，人民币成为主要国际货币还需要一个时间过程。

　　研究人民币汇率决定和管理必须结合人民币国际化的实际进程，人民币国际化程度不同，人民币汇率的决定和管理也会不同，因此这是一个不断发展的大课题。希望作者能持续关注这一主题，有更深一步的研究，也期望能有更多的研究者来研究这一课题。

2020 年 11 月 26 日

前　言

人民币国际化和人民币汇率是当前涉外金融领域较为关注的热点问题。2009年7月，跨境人民币结算业务试点工作启动，2010年6月扩大试点范围，之后跨境收支中人民币结算比例不断提高，人民币已连续多年成为我国第二大跨境收付货币，离岸人民币市场规模不断扩大。同时，人民币汇率形成机制改革持续推进，人民币汇率弹性不断增强。人民币国际化对人民币汇率的决定有什么影响？人民币国际化进程中如何使汇率保持在合理均衡水平？本人作为一名长期在外汇管理部门从事国际收支统计和外汇收支形势分析的工作人员，对这两个问题进行了深入的思考。

人民币国际化背景下，人民币名义汇率如何决定？按照"人民币名义汇率变化主要取决于以国际收支为基础的外汇供求状况"这一本质因素，人民币国际化期间外汇供求环境已发生基础性变化，人民币名义汇率决定已处于人民币国际化进程不断加快所带来的新环境中：跨境收支中人民币占比不断提高，离岸人民币市场规模迅速扩大且对境内人民币汇率产生影响，资本流动规模快速扩大且顺差和逆差转化加快，我国对外投资及境外资产规模不断扩大，等等。

研究人民币汇率决定需要纳入人民币国际化对汇率产生影响的因素。一是跨境人民币收支对外汇收支产生替代，进而对外汇市场供求及人民币汇率产生影响。二是在境内外人民币兑美元汇率存在较大汇差的情况下，跨境人民币收支的套利需求增加，表现出明显的顺周期性。三是人民币国际化伴随着投资更加便利化，资本和金融项目尤其是其中的证券投资和其他投资项目容易出现较为频繁的方向性变化，进而对国际收支及外汇供求产生较大影响。四是随着人民币国际化发展，离岸人民币市场规模不断扩大，其汇率变化对境内人民币汇

1

率水平及市场预期产生影响。

人民币国际化进程中如何使汇率保持在合理均衡水平？我国是世界第二大经济体，也是世界第二大对外净债权国，在开放经济条件下，人民币汇率变化对我国经济发展、金融稳定、国民财富等的影响越来越大，保持人民币汇率在合理均衡水平上的基本稳定具有重要意义。因此，研究现阶段人民币汇率是否均衡，以及人民币国际化期间如何管理汇率才能使其保持在合理均衡水平具有重要现实意义。

本书紧紧围绕上述两个问题，以理论为依据，以实践为基础，定性分析和定量分析相结合，对人民币国际化进程中汇率的决定和管理进行了研究。本书整理于我 2015 年博士毕业时的学位论文，除校对时修改个别文字外，内容未做改动，故研究数据截止到 2014 年底，重点对 2010 年跨境人民币结算试点范围扩大后至 2014 年人民币名义汇率的决定，以及 2005 年人民币汇率形成机制改革后至 2014 年的实际有效汇率是否均衡进行了较为深入的研究，并提出人民币国际化进程中汇率管理的策略和措施。本书价值在于分析人民币名义汇率决定时厘清的市场框架、外汇供求各渠道分析、跨境人民币收支替代结售汇分析，以及提出人民币汇率管理措施的逻辑等方面。

本书的理论依据和实证分析具有较强的实践性。本书研究立足于"人民币名义汇率变化主要取决于以国际收支为基础的外汇供求状况"这一符合人民币名义汇率决定现实的本质基础，厘清外汇供求渠道的市场框架，分析各渠道外汇供求对人民币汇率产生影响的机制和程度，提炼可能影响人民币名义汇率决定的经济因素，进而进行实证分析，得出人民币名义汇率决定的计量模型。其中，对跨境人民币收支中交易需求和套利需求的分解、跨境人民币收支替代结售汇、外汇存贷款和银行结售汇头寸变化影响的分析等具有明显的实践特色。

本书的研究得出了一些有创新性的结论。如实证分析得出：人民币兑美元汇率由跨境人民币净支付、境内外利差、人民币升（贬）值预期决定，跨境人民币净支付增加 1000 亿元，将使人民币兑美元即期汇率升值 0.58%；离岸人民币存款规模每扩大 1%，将带动人民币实际有效汇率升值 0.02%。在人民币汇率管理方面，提出人民币汇率管理目标和操作目标不匹配的问题，并建议通过扩大人民币兑美元汇率波动幅度解决该问题。有些结论在之后的政策中得到体现，如编制人民币名义有效汇率指数，进一步改革人民币汇率形成机制等。

人民币国际化是个持续发展的动态过程，人民币汇率决定和管理也是个大课题，本书虽然结合外汇市场运行实际在研究角度、方法、结论方面有所探索和创新，但在理论分析和实证研究方面还需进一步深入和提升。受本人学识和能力所限，本书定有不足之处，甚至存在错误，敬请各位读者批评指正。

本书仅为个人学术观点，不代表就职单位意见，在此感谢就职单位为本书研究提供了很好的平台，但文责自负。

卜国军

2020 年 11 月 16 日

目　录

摘　要

2009 年 7 月，中国启动跨境人民币结算业务试点工作，标志着人民币国际化进程正式启动。2010 年 6 月，跨境人民币结算试点扩大。2011 年至 2012 年，跨境人民币结算从地域到项目全面放开，跨境收支中人民币结算比例不断提高，人民币国际化步伐明显加快。2014 年，跨境人民币结算金额达 7.6 万亿元，人民币收支占全部跨境收支的比重接近 25%，人民币已成为我国第二大跨境支付货币。同时，人民币汇率弹性不断增强，资本项目可兑换加快推进。人民币名义汇率决定已处于人民币国际化进程不断加快所带来的新环境：跨境收支中人民币占比不断提高，离岸人民币市场规模迅速扩大且与境内人民币汇率互相影响，资本流动规模快速扩大且顺差和逆差转化加快，我国已成为直接投资资本净输出国，境外资产规模不断扩大，等等。

在人民币国际化背景下，人民币汇率的决定不仅取决于国际收支状况、经常项目差额与 GDP 之比、劳动生产率变化，也取决于跨境收支中人民币对外汇的替代、离岸市场人民币汇率（境内外汇差）、境内外利差的影响。那么，哪些因素对人民币汇率具有决定性影响？影响程度有多大？如何更好地管理人民币汇率，使其基本保持在合理的均衡区间，促进宏观经济内外均衡发展和人民币国际化进程？这些已成为货币政策制定者在新环境下必须认真思考和努力解决的问题。

同时，我国商品贸易总额已居世界第一位，是世界第一大外汇储备国和世界第二大对外净债权国，对外金融资产和负债规模不断扩大，外汇敞口规模随之不断增长，因此汇率对我国经济的影响会越来越大。人民币国际化进程中，在跨境人民币收支规模占跨境收支比例不断上升，境外人民币规模不断扩大，

1

离岸人民币市场快速发展，金融市场开放力度加大等背景下，汇率波动更为频繁，对宏观经济的影响将更加显著。所以，研究人民币国际化进程中汇率的决定及管理具有重要的现实意义和深远的历史意义。

本书按照"人民币国际化以来汇率决定处于新环境—人民币国际化对汇率的影响—人民币国际化进程中外汇供求的影响渠道—人民币汇率决定的计量分析—人民币实际汇率是否均衡—人民币汇率管理的策略和措施"这一主线，对人民币国际化进程中汇率的决定和管理进行了研究。本书主要研究结论：人民币国际化对人民币汇率决定产生了显著影响；人民币国际化进程中应采取"分阶段实施不同浮动幅度管理"的策略；人民币汇率的管理目标和操作目标存在不匹配问题，应通过扩大人民币兑美元汇率的波动幅度来实现二者的匹配；现阶段人民币兑美元汇率的年度波幅可确定在和境内人民币与境外美元利差基本一致的水平上。

本书共包括六章，具体内容如下：

第一章阐述了本书的选题背景与研究目标、相关研究综述、研究思路、研究框架、研究方法、可能的创新点与不足、汇率的相关概念及研究时间段的界定。

第二章分析了人民币国际化对汇率的影响。首先，介绍了人民币国际化的概念及其发展情况，分析了人民币国际化以来汇率变化的特点。其次，对跨境人民币净支付对境内外汇市场的影响进行了定量分析，对跨境人民币结算的交易需求和套利需求进行了分解。最后，分析比较了美元、德国马克、日元在国际化时期汇率变化的特点，得出主要国际货币国际化期间汇率变化的启示。

第三章对人民币国际化进程中名义汇率的决定因素进行了深入分析。首先，对主要的汇率决定理论进行评述。其次，根据人民币名义汇率由国际收支基础上的外汇供求决定这一理论依据，全面分析了国际收支各项目、跨境人民币收支、境内市场主体外汇资产负债结构调整、央行干预等影响外汇供求的渠道。最后，对这些渠道背后的实体经济因素和市场因素进行了归纳，并定量分析了各渠道对外汇供求的影响程度，为下一章的人民币名义汇率决定实证分析中的变量选择提供依据，也为实证分析的结果解释提供依据。

第四章对人民币国际化进程中名义汇率的决定进行了计量分析。根据第三章研究结果选择解释变量，根据研究目的选择样本区间。构建多元线性回归模型对人民币兑美元汇率进行了实证分析，构建盯住美元式人民币名义有效汇率决定模型对人民币名义有效汇率进行了计量分析，得出人民币兑美元汇率由跨境人民币净支付、境内外利差、人民币升（贬）值预期决定，人民币名义有效汇率由人民币兑美元汇率和美元指数决定的结论。

第五章对人民币实际有效汇率的失调程度进行了测算和分析。首先，介绍了均衡汇率的测算方法和人民币均衡汇率研究的沿革。其次，根据行为均衡汇率理论，选择劳动生产率、贸易条件、贸易开放度、政府支出作为基本经济变量，并根据第四章人民币名义汇率决定实证分析的结论，增选离岸人民币资产规模（代表人民币国际化影响）和境内外利差两个基本经济变量，构建行为均衡汇率模型，测算人民币汇率的失调程度。结果显示，离岸人民币资产规模对人民币实际汇率产生显著影响，人民币国际化以来实际有效汇率基本处于均衡水平。

第六章在前文分析的基础上，根据多项标准做出了人民币实际汇率基本处于均衡水平的判断，提出了人民币汇率管理的意义、目标、策略和措施。提出通过扩大人民币兑美元汇率波动幅度来解决人民币汇率管理目标和操作目标不匹配的难题，在人民币国际化不同阶段对人民币汇率采取按不同浮动幅度管理的策略，以及对人民币汇率管理应采取的措施。

本书可能的创新点：

第一，根据名义汇率由外汇市场供求决定的本质，分析了国际收支基础上影响银行间外汇市场供求的各项因素，挖掘出跨境人民币净支付是影响人民币汇率变化的重要因素。利用 2010 年第三季度至 2014 年第四季度的数据进行实证分析，测算了跨境人民币净支付对名义汇率变化的显著影响程度，发现跨境人民币净支付增加 1 000 亿元，将使人民币兑美元即期汇率升值 0.58%。

第二，根据人民币离岸市场快速发展并对人民币汇率产生影响的实际情况，将离岸人民币资产规模纳入人民币实际均衡汇率测算的模型之中，并利用 2005 年第三季度至 2014 年第四季度的数据进行实证分析。结果显示，离岸人民币资产规模对人民币均衡实际汇率产生显著影响，离岸人民币资产规模每扩大 1%，将带动人民币实际有效汇率升值 0.02%。

第三，根据人民币国际化进程的阶段性，明确提出在人民币国际化进程中对人民币汇率实施"分阶段按不同浮动幅度管理"的策略。在人民币国际化的初级阶段，采取保持人民币兑美元汇率相对稳定、逐步放宽汇率波动幅度的策略，并将人民币汇率年度波动幅度确定为和境内人民币与境外美元利差基本一致的水平上，以适应人民币国际化进程中资本流动影响逐渐增强的现实，解决人民币汇率操作目标与管理目标不匹配的难题。在人民币国际化的高级阶段，应采取自由浮动策略，但仍应对汇率超调适时进行管理，防范大规模投机交易对汇率产生的异常波动风险。

本书研究中的难点：如何更准确地区分跨境人民币净支付中的交易需求和套利需求；是否有更适合中国的人民币均衡汇率测算模型；如何寻找更合适的人民币汇率预期的代表变量，或剔除人民币兑美元远期汇率中利差因素的影响。

关键词：人民币国际化　汇率决定　汇率管理

第一章　导论

本章首先阐述了选题背景及研究目标，接着对国内外相关研究进行了综述，阐述了本书的研究思路、研究框架、研究方法，以及可能的创新点、难点和不足，最后列示了与汇率相关的几个概念，对本书的研究时间段进行了界定。本章的作用在于对本书的研究内容和研究结果进行概括介绍，对研究涉及的相关概念和时间段进行界定，为后文的研究奠定基础。

第一节　选题背景及研究目标

2009年7月，中国启动跨境人民币结算业务试点工作，标志着人民币国际化进程正式启动。2010年，中国经济规模跃居世界第二位，跨境人民币结算试点扩大。2011年、2012年跨境人民币结算从地域到项目全面放开，跨境收支中人民币结算比例不断提高，人民币国际化步伐明显加快。中国人民银行统计数据显示，2014年，跨境人民币结算金额达7.6万亿元。2014年，人民币在我国跨境收支中的占比接近25%，在跨境收支各币种中居第二位，与境外174个国家发生跨境人民币收付业务。资本项目可兑换也在稳步推进，利率市场化程度不断提高。同时，2010年6月19日中国人民银行进一步推进人民币汇率形成机制改革以来，人民币汇率弹性不断增强，双向波动态势明显。总体来看，人民币汇率决定已经处于人民币国际化进程不断加快所带来的新环境：资本流动规模接近经常项目交易规模且顺差和逆差转化较快，离岸人民币市场规模迅速扩大且与境内人民币汇率互相影响，跨境收支中人民币比重不断提高，我国已成为直接投资资本净输出国，境外资产规模不断扩大且结构不断优化等。

在人民币国际化背景下，人民币汇率的决定不仅取决于国际收支状况、经常项目差额与 GDP 之比的变化、劳动生产率变化，也取决于境内外利差、对外净债权的规模及结构、离岸市场人民币汇率（境内外汇差）、跨境人民币收支波动的影响。在人民币国际化背景下，哪些因素对人民币汇率具有决定性影响？影响程度有多大？如何更好地管理人民币汇率？这些已成为货币政策制定者在新环境下必须认真思考和努力解决的问题。

同时，我国商品贸易总额已居世界第一位，是世界第一大外汇储备国和世界第二大对外净债权国，对外金融资产和负债规模不断扩大，外汇敞口规模随之不断增长，因此，汇率对我国经济的影响会越来越大。人民币国际化进程中，在跨境人民币收支规模占跨境收支比例不断上升，境外人民币规模不断扩大，离岸人民币市场快速发展，金融市场开放力度加大等背景下，汇率波动更为频繁，对宏观经济的影响将更加显著。人民币国际化是我国经济发展的必然，而汇率越发重要则是人民币走向国际化后的必然。所以，研究人民币国际化进程中汇率的决定及管理具有重要的现实意义和深远的历史意义。

2012 年党的十八大以来，人民币利率市场化步伐明显加快，汇率形成机制改革进一步推进，人民币资本项目可兑换也在稳妥推进。按照中国"十二五"规划要求，中国将在短期内逐步实现人民币资本项目的可自由兑换。此外，上海准备在 2020 年建成国际金融中心和人民币定价、交易中心，中国正在从经济大国迈向经济强国，从资本大国走向资本强国。而在资本项目可兑换及人民币国际化的进程中，如何借鉴主要国际货币汇率决定的经验？如何发挥汇率对人民币国际化的重要促进作用？正确解答这些问题也使得研究人民币国际化进程中汇率的决定和管理显得更具紧迫性。

从已有的研究文献看，针对人民币国际化进程中汇率决定和管理的研究并不多。有些问题实务性较强，在学者的研究中并未涉及。本书希望在这方面进行较为深入的研究，以期取得一些成果。

本书的研究目标是：（1）深入分析人民币国际化如何对外汇供求和人民币汇率产生影响；（2）通过理论分析、外汇供求分析、计量分析，确定影响人民币名义汇率和实际汇率的主要因素，尤其是因为人民币国际化而产生的新的影响因素;(3)通过对人民币汇率决定的分析和人民币实际汇率失调的测算,以及对世界主要国际货币国际化时期汇率变化特点的比较,研究在人民币国际化进程中,如何在市场决定前提下对汇率进行有效管理,使人民币汇率能够持续处于基本均衡水平,更好地发挥汇率对于经济内外均衡及人民币国际化的促进作用。

第二节 国内外相关研究综述

国内外对人民币国际化以来汇率决定和管理的研究并不是很多,现有的研究主要集中于离岸市场即期、远期汇率与境内市场即期、远期汇率之间关系的研究,以及对人民币均衡汇率的测算。由于人民币国际化伴随着资本项目开放、汇率弹性增强、境内外套利资本流动趋于活跃等市场特征,因此,研究人民币国际化进程中汇率的决定和管理的相关文献可以追溯到 2005 年人民币汇率形成机制改革以来对人民币汇率的相关研究。从研究内容看,主要集中于以下几个方面。

第一,人民币国际化对汇率的影响。主要研究了离岸市场人民币汇率、境外人民币需求、资本项目开放、利率市场化和境内外利差等对人民币汇率的影响。

第二,汇率对人民币国际化的影响。主要研究了汇率稳定、汇率预期、汇率波动等对人民币国际化的影响。

第三,人民币均衡汇率研究。主要研究了人民币均衡汇率的测算以及人民币实际汇率的失衡程度等,有些学者对均衡汇率测算的方法进行了评述或提出一些新的测算人民币均衡汇率的方法。

一、人民币国际化对汇率的影响

(一)人民币国际化对汇率产生的波动和冲击方面

人民币国际化的过程也是中央银行对外汇市场干预减少及跨境资本波动加剧的过程,人民币汇率必然随之产生较大的波动,极端情况下甚至会遭到较强的外部冲击。

Barry Eichengreen 和 Masahiro Kawai[①]（2014）认为人民币国际化已经取得很大进展，但仍然受到资本账户管制的限制。人民币国际化若要取得更大进展，则需要进一步提高资本账户自由化程度，而这反过来需要人民币汇率具备更大的弹性，以使中央银行享有更大的独立性。

马荣华[②]（2009）认为外汇市场上的人民币需求和人民币供给决定了人民币汇率。人民币国际化进程中，人民币需求除了考虑境内需求外，还要考虑境外需求，且境外需求会随着人民币国际化的推进而不断增加。境外人民币的供应也来自我国中央银行，中央银行对人民币的供应需要考虑到境外人民币的需求。如果对境外人民币需求考虑不足，则在人民币国际化进程中，人民币汇率将会随着境外人民币需求增加而持续存在升值压力。

李晓峰、陈华[③]（2010）认为，从市场机理的角度来看，中央银行干预强度的减弱，及其所导致的外汇市场中持有不断加强升值预期的技术分析者占主导地位等因素是推动人民币汇率变动幅度扩大的重要原因。

余永定[④]（2012）认为，随着人民币国际化后境外人民币规模的扩大，香港离岸人民币（CNH）外汇市场得到发展，与内地在岸人民币（CNY）外汇市场并存。由于存在资本项目管制等原因，两个市场的汇率存在差异，加之资金流动相对自由，套利和套汇交易便大行其道。人民币汇率在 2011 年 9 月中旬至 2011 年底出现的贬值走势，主要是两个市场套汇和套利交易方向逆转的结果。

张斌、徐奇渊[⑤]（2012）在分析香港人民币离岸市场的发展和交易逻辑、在岸外汇市场的发展与交易逻辑后，认为在人民币汇率市场化之前推进跨境贸易人民币结算和发展人民币离岸市场，会出现大量套取两个市场汇率差价的套

---

① Barry Eichengreen, Masahiro Kawai.Issues for Renminbi internationalization：An Overview［N］. ADBI Working Paper Series，2014（454）：3-19.

② 马荣华.人民币国际化进程对我国经济的影响［J］.国际金融研究，2009（4）：79-85.

③ 李晓峰，陈华.交易者预期异质性、央行干预效力与人民币汇率变动——汇改后人民币汇率的形成机理研究［J］.金融研究，2010（8）：49-66.

④ 余永定.从当前的人民币汇率波动看人民币国际化［J］.国际经济评论，2012（1）：18-26.

⑤ 张斌，徐奇渊.汇率与资本项目管制下的人民币国际化［J］.国际经济评论，2012（4）：63-73.

利交易，离岸人民币市场的发展将被货币当局补贴下的套利交易所主导，并会对在岸人民币市场产生显著冲击。

（二）离岸市场人民币汇率和在岸市场人民币汇率的相互影响方面

人民币国际化必然伴随着人民币离岸市场规模的扩大，在目前资本项目不完全可兑换的情况下，境内外市场的人民币汇率必然存在价差，国内外学者针对这两个市场汇率的联动关系进行了较多的研究。

Michael Funke 和 Marc Gronwald[1]（2008）利用 TV-AR-GARCH 模型对人民币汇率形成机制进行研究后，认为境外 NDF 汇率对境内人民币即期汇率的走势具有一定的影响作用。

Samar Maziad 和 Joong Shik Kang[2]（2012）使用 GARCH 模型，对在岸人民币外汇市场和香港离岸人民币市场的内在联系进行了实证分析。结果表明，在岸人民币兑美元即期汇率和离岸人民币兑美元即期汇率互相影响，两个市场之间存在波动溢出效应。

Eswar Prasad 和 Lei（Sandy）Ye[3]（2012）的研究发现，随着允许香港金融机构和银行开立人民币账户，以及允许香港的银行进入在岸银行间市场等一系列促进人民币交易措施的实施，尤其是 2010 年第四季度之后，香港市场人民币兑美元即期汇率和境内市场人民币兑美元即期汇率之间的相关程度大大提高。

David K.Ding、Yiuman Tse 和 Michael R.Williams[4]（2014）实证分析了境内

---

① Michael Funke, Marc Gronwald.The Undisclosed Renminb Basket：Are the markets Telling us Something about Where the Renminbi-US Dollar Exchange Rate is Going？［J］.The World Economy, 2008（12）：1581-1598.

② Samar Maziad, Joong Shik Kang.RMB Internationalization：Onshore/Offshore Links［N］. IMF Working Paper, 2012（133）.

③ Eswar Prasad, Lei（Sandy）Ye.The Renminbi's Role in the Global Monetary System［N］. IZA Discussion Paper, 2012（6335）.

④ David K.Ding, Yiuman Tse, Michael R.Williams.The Price Discovery Puzzle in Offshore Yuan Trading：Different Contributions for Different Contracts［J］.Journal of Futures markets, 2014（2）：103-123.

在岸即期人民币兑美元汇率和香港离岸即期人民币兑美元汇率、NDF 汇率的关系，发现在岸人民币兑美元即期汇率和离岸人民币兑美元即期汇率之间没有价格发现关系，但是在岸人民币即期汇率与离岸人民币 NDF 汇率之间存在价格发现关系。

He Dong[1]（2011）对境内在岸人民币汇率和香港离岸人民币汇率进行了研究，结果表明在岸人民币汇率起到了主导作用，是离岸人民币汇率变化的格兰杰成因。当离岸人民币汇率进一步走弱时，市场的力量能够拉动其向在岸人民币汇率靠拢。

David Leung 和 John Fu[2]（2014）分析了中国内地和香港的人民币远期市场，认为 2013 年在岸市场和离岸市场出现双向的跨市场溢出效应，并且在岸市场对离岸市场的溢出效应大于离岸市场对在岸市场的溢出效应，主要原因是离岸市场规模小于在岸市场规模，未来在岸市场仍会对离岸市场起到引领性作用。

张陶伟、杨金国[3]（2005）通过计量分析方法研究人民币 NDF 与人民币汇率失调的关系，认为由于存在资本管制和市场预期，人民币 NDF 汇率与理论远期汇率存在偏离，这种偏离反映了人民币 NDF 与基准汇率之差和人民币汇率失调程度存在内在而长期的一致关系，一些短期和随机因素不会对人民币 NDF 价格产生大的影响，人民币 NDF 市场比较理性。

贺晓博[4]（2009）运用协整检验、Granger 因果关系检验、ECM 模型和脉冲响应函数，运用交易比价活跃的 5 个期限的人民币远期产品对境外 NDF 市场隐含掉期点数和境内外汇市场掉期点数之间的关系进行了实证分析。结果表明，在各个期限的远期产品上，境外 NDF 隐含掉期点数和境内人民币掉期点数之

---

① He Dong.One Currency Two Markets: Causality and Dynamic between the CNY and CNH Markets［N］.HKMA Woking Paper，2011.

② David Leung，John Fu.Interactions between CNY and CNH Money and Forword Exchange Markets［N］.HKIMR Working Paper，2014（13）：1–33.

③ 张陶伟，杨金国.人民币 NDF 与人民币汇率失调关系的实证研究［J］.国际金融研究，2005（10）：49–54.

④ 贺晓博.境外人民币 NDF 和境内人民币掉期之间关系的实证研究［J］.国际金融研究，2009（6）：90–96.

间存在长期正向的协整关系，其中 NDF 处于主导地位。

伍戈、裴诚[①]（2012）系统总结了 CNY 市场、CNH 市场以及 NDF 市场之间的相互联系，运用 AR-GARCH 模型等定量方法检验三个市场的联动关系，选取的变量为 CNY 市场每日中间价、CNH 市场每日收盘价、香港 NDF 市场 3 个月合约的每日收盘价，样本区间为 2010 年 8 月 23 日至 2011 年 12 月 19 日。结果表明，CNY 市场对 CNH 市场的价格有引导作用，说明 CNY 市场仍然具备人民币汇率定价的主动性；NDF 市场对 CNY 市场、CNH 市场价格的引导作用减弱，相反，CNY 市场和 CNH 市场的价格会对 NDF 市场的价格产生影响。

贺晓博、张笑梅[②]（2012）通过构建 VAR 模型，对 2010 年 7 月 19 日至 2012 年 2 月 20 日每日的 CNH 即期汇率和 CNY 即期汇率之间的关系进行实证检验，发现 CNY 是导致 CNH 变化的原因，即境内人民币即期市场对香港人民币市场有明显的引导作用，二者之间存在较强的正向相互影响，而且 CNH 对来自 CNY 冲击的反应强度要大于 CNY 受到 CNH 冲击时的反应强度。对 2011 年 6 月 28 日至 2012 年 2 月 20 日每日的 CNH 即期汇率、CNY 即期汇率、CNH 可交割远期汇率、CNY 可交割远期汇率及 NDF 汇率之间的关系进行实证研究，发现 NDF 市场处于人民币外汇市场的信息中心地位，对 CNH、CNY、CNH 可交割远期、CNY 远期价格都有较强的引导作用，香港的人民币即期价格对 NDF 有一定的引导作用，香港的可交割远期对境内远期也有较强的引导作用。

周先平、李标[③]（2013）采用 VAR-MVGARCH 模型，研究了人民币对 12 种外币境内外即期汇率之间的联动关系。结果显示，大部分货币对在岸人民币汇率升（贬）值对离岸人民币汇率升（贬）值的影响要远远大于离岸人民币汇率升（贬）值对在岸人民币汇率升（贬）值的影响，没有任何一个货币对境内外即期汇率存在相互的波动率溢出效应。

---

① 伍戈，裴诚.境内外人民币汇率价格关系的定量研究［J］.金融研究，2012（9）：62-73.

② 贺晓博，张笑梅.境内外人民币外汇市场价格引导关系的实证研究——基于香港、境内和 NDF 市场的研究［J］.国际金融研究，2012（6）：58-66.

③ 周先平，李标.境内外人民币即期汇率的联动关系——基于 VAR-MVGARCH 的实证分析［J］.国际金融研究，2013（5）：4-14.

徐晟、韩建飞、曾李慧 [①] （2013）采用 DCC-MVGARCH-BEKK 模型，对 1 个月、3 个月、6 个月和 12 个月期的境内人民币远期汇率和离岸人民币无本金交割远期（NDF）汇率的日度数据进行了实证分析，样本区间为 2006 年 10 月 9 日至 2013 年 4 月 26 日。结果显示，对于短期限品种，离岸 NDF 远期汇率与在岸远期汇率存在联动关系与双向波动溢出效应；对于长期限品种，人民币远期汇率走势的自主性不断增强，人民币在岸远期市场的信息中心地位日渐显现。

（三）境内外利差、国际资本流动对人民币汇率的影响方面

人民币国际化伴随着利率市场化和资本项目开放步伐的加快，国际资本在境内外利差驱动下容易产生较大的波动，从而影响人民币汇率的相对稳定。相关研究主要集中于人民币汇率与利率、境内外利差、跨境资本流动的联动关系方面。

Dong He、Lillian Cheung、Wenlang Zhang 和 Tommy Wu [②] （2012）分析了资本账户开放对人民币实际汇率的影响。结果显示，如果在这个十年的最后阶段实现资本账户可兑换，那么中国的国际投资将显著增长，资本流入和流出将更加平衡，对外净资产与 GDP 之比在这十年将保持稳定，人民币实际汇率对资本账户可兑换不会特别敏感，人民币实际汇率将因中国保持相对于贸易伙伴的高增长而处于温和升值走势。

郭树清 [③] （2004）认为汇率与跨境资本流动的关系密切。短期资本的流动并不一定是某一实际的汇率水平决定的，而很大程度上是由汇率预期驱使的。

王爱俭、林楠 [④] （2007）运用协整分析与向量自回归模型，实证考察了人

---

① 徐晟，韩建飞，曾李慧.境内外人民币远期市场联动关系与波动溢出效应研究——基于交易品种、政策区间的多维演进分析［J］.国际金融研究，2013（8）：42-52.

② Dong He，Lillian Cheung，Wenlang Zhang and Tommy Wu.How Would Capital Account Liberalization Affect China's Capital Flows and the Renminbi Real Exchange Rates？［J］.China & World Economy，2012（6）：29-54.

③ 郭树清.人民币汇率与贸易经济［J］.中国外汇管理，2004（9）：12-18.

④ 王爱俭，林楠.人民币名义汇率与利率的互动关系研究［J］.经济研究，2007（10）：56-66.

民币名义有效汇率（BIS 口径）与银行间市场 7 天回购利率的互动关系，发现人民币名义汇率与利率之间存在交替互动关系，二者会各自做出上升、下降或盘整的反应，并且当一方存在明显的上升或下降趋势时另一方处于调整状态。进而指出应充分尊重市场力量的自发作用，通过协调利率政策和汇率政策，促进宏观经济内外均衡发展。

谷宇、高铁梅、付学文[1]（2009）通过将中美利差引入行为均衡汇率模型，并利用误差修正模型分析了中美利差对人民币汇率的影响，认为中美利差在长期内导致人民币汇率贬值，但在短期内表现为显著的正向冲击。建议货币当局加强对非法跨境套利资本的打击力度，以避免大规模国际资本流动对人民币汇率造成重大冲击。

郭树华、王华、王俐娴[2]（2009）以经济学有关利率和汇率联动关系的理论模型和传导机制为基础，运用计量经济学理论模型和统计软件，通过对利率与汇率经济变量的平稳性检验、协整关系检验、因果关系检验、冲击反应分析和方差分解检验，对中美利率与汇率的联动关系进行了实证分析。发现中美利率和汇率在长期内存在协整关系，但短期联动关系不足。认为我国应加快推进利率市场化进程，进一步推进人民币汇率形成机制改革，使我国利率政策和汇率政策相互协调，促进宏观经济内外均衡发展。

二、汇率对人民币国际化的影响

（一）汇率稳定对人民币国际化的推动作用

许多学者从历史经验以及美元与欧元、日元的国际货币之争等角度的研究表明，货币价值稳定是决定货币国际化的基本因素之一，货币对外价值稳定就是汇率基本稳定，人民币汇率基本稳定有利于人民币国际化进程。

---

① 谷宇，高铁梅，付学文. 国际资本流动背景下人民币汇率的均衡水平及短期波动 [J]. 金融研究，2008（5）：1–12.

② 郭树华，王华，王俐娴. 中美利率与汇率联动关系的实证研究：2005—2008 [J]. 国际金融研究，2009（4）：17–24.

石巧荣[①]（2011）认为各种原发性因素对一国货币的国际占比具有决定性作用。在这些因素中，国际经济地位的作用最大，然后是国际金融地位，实际利率和货币升值的积极作用有限，货币价值短期波动具有明显的负向影响。人民币汇率管理方面，需要保持人民币汇率在短期内相对稳定，不必为了提高人民币国际化水平而人为维持人民币升值趋势。

沙文兵、刘红忠[②]（2014）以境外人民币存款规模作为人民币国际化程度的衡量指标，以境外人民币存款余额、人民币汇率和汇率预期为内生变量构建SVAR模型，对人民币国际化与人民币汇率及汇率预期之间的动态关系进行了实证分析。研究发现，人民币国际化程度的提升会使人民币不断升值，形成人民币升值预期；人民币升值预期对人民币国际化有一定的促进作用，但人民币升值速度过快反而不利于人民币国际化程度的进一步提高。随着人民币汇率越来越趋近于合理区间，保持人民币汇率基本稳定，维持国际投资者对人民币未来价格稳定性的信心，则是人民币国际化战略顺利推进的重要保障。

（二）汇率波动对货币国际化的影响方面

一些学者通过国际比较分析汇率波动对货币国际化的影响，或者研究汇率波动对境外人民币需求及人民币国际化的影响，取得了一些研究成果。

Wendy Dobson 和 Paul R. Masson[③]（2009）分析了影响人民币国际化的主要因素，认为增加人民币汇率的弹性有助于促进人民币的国际化使用。

Vallée 和 Shahin[④]（2012）认为人民币国际化只有在开放资本和金融账户、汇率浮动、开放金融部门后才能够成功，汇率浮动对人民币国际化具有重要影响。

---

① 石巧荣.国际货币竞争格局演进中的人民币国际化前景［J］.国际金融研究，2011（7）：34–42.

② 沙文兵，刘红忠.人民币国际化、汇率波动与汇率预期［J］.国际金融研究，2014（8）：10–18.

③ Wendy Dobson, Paul R. Masson.Will the renminbi become a currency？［J］.China Economic Review，2009（20）：124–135.

④ Vallée, Shahin.The Internationalisation Path of The Renminbi［N］.Bruegel Working Paper，2012（5）.

　　蒋先玲、刘薇、叶丙南[1]（2012）以货币需求、货币竞争替代理论为基础，以企业利润最大化为目标建立境外人民币需求函数，推导出影响境外人民币需求的主要因素。通过变结构协整和误差修正模型，对汇率预期和政策变革等因素对境外人民币需求的影响进行了实证分析。结果表明，人民币汇率预期波动对境外人民币需求具有明显的长短期效应，随着资本项目可兑换程度的不断提高，汇率预期变化对境外人民币需求和中国国际收支影响将更加显著，所以国内政策需要关注汇率预期情况。

　　赵然[2]（2012）运用 DGMM 和 SGMM 动态面板模型，区分 1999—2002 年、2003—2006 年、2007—2012 年三个时间段，基于美元、欧元、日元、英镑四种主要国际货币的相关数据，对影响货币国际化的经济实力、币值稳定性、资本与金融市场发展、贸易一体化程度、货币惯性 5 类指标的 8 个自变量进行了实证研究。结果表明，在后两个时间段，目标货币对美元名义汇率波动率和目标货币实际有效汇率波动率对货币国际化程度的影响均不显著，说明在实体经济发展到一定阶段后，汇率波动不再显著影响货币国际化程度。金融市场的发展会逐渐取代实体经济成为货币国际化的杠杆式推动力量。

　　张明、何帆[3]（2012）认为 2009 年下半年至 2011 年上半年人民币国际化取得快速进展，以及 2011 年下半年人民币国际化进程陷入停滞，均与香港离岸市场与内地在岸市场之间的套汇与套利活动密切相关。套汇活动体现为利用两地的人民币现汇差价进行套汇以及利用持续的人民币升值或贬值预期进行套汇两类行为；套利活动体现为基于人民币信用证的内保外贷以及内地企业在香港发行人民币债券两类行为。认为在政策优先次序上，国内经济结构调整应优于人民币国际化，利率与汇率市场化改革以及国内金融市场深化应优于资本账户开放。

　　① 蒋先玲，刘薇，叶丙南．汇率预期对境外人民币需求的影响［J］．国际金融研究，2012（10）：68–75.

　　② 赵然．汇率波动对货币国际化有显著影响吗？［J］．国际金融研究，2012（11）：55–64.

　　③ 张明，何帆．人民币国际化进程中在岸离岸套利现象研究［J］．国际金融研究，2012（10）：47–54.

张志文、白钦先[①]（2013）通过建立澳元国际化指标，对其与澳元汇率波动性之间的关系进行了计量分析，数据的样本区间为 1993 年第四季度至 2012 年第一季度。结果显示，澳元兑美元汇率较大的波动性不利于澳元的国际化，这种不利影响在统计上是显著的，在其他因素不变的情况下，澳元汇率波动性扩大 1 个标准差，将使澳元的国际化程度下降约 1%。

在汇率对货币国际化的影响方面，有的学者认为人民币汇率稳定和升值有利于人民币国际化，有的学者认为现阶段世界主要国际货币的汇率稳定不能显著影响其国际化程度，二者矛盾主要在于人民币国际化目前尚处于初级阶段，尚未达到在国际结算、国际投资、外汇储备中占比的稳定期，因此不能用其他主要国际货币的影响因素来套用现阶段的人民币汇率。因此，分阶段分析货币国际化进程中汇率的变化特点就显得更有意义。

三、人民币均衡汇率研究

近年来，国内外有些学者根据先后出现的各种均衡汇率测算模型，对人民币均衡汇率进行了分析和测算。有些学者对各种均衡汇率模型进行了评价，或者提出符合我国国情的均衡汇率模型。

（一）人民币均衡汇率及汇率失衡程度的测量方面

Yajie Wang 和 Xiaofeng Hui[②]（2007）利用行为均衡汇率（BEER）测算方法，对 1980—2004 年的人民币汇率失调程度进行了分析，认为这 25 年人民币汇率不存在严重失调。

Kiyotaka Sato、Junko Shimizu、Nagendra Shrestha 和 Zhaoyong Zhang[③]

---

① 张志文，白钦先.汇率波动性与本币国际化：澳大利亚元的经验研究[J].国际金融研究,2013(4)：52–63.

② Yajie Wang，Xiaofeng Hui.Estimating Renminbi（RMB）Equilibrium Exchange Rate［J］.Journal of Policy Modeling，2007（3）：417–429.

③ Kiyotaka Sato，Junko Shimizu，Nagendra Shrestha，Zhaoyong Zhang.New Estimates of the Equilibrium Exchange Rate：The Case for the Chinese Renminbi［J］.The World Economy，2012（4）：419–443.

（2012）对1995年至2009年的人民币兑美元名义均衡汇率进行了实证分析。结果显示，2006—2009年人民币名义均衡汇率的快速升值，暗示人民币汇率存在低估，2008年的人民币汇率应相对2004年升值74%，人民币名义均衡汇率的快速升值与2000年以来经常账户盈余的急剧增加是一致的。

刘莉亚、任若恩[1]（2002）在分析影响实际均衡汇率的基本面要素的基础上，根据构建的理论模型、变量之间的相关性、数据的可获得性，选取贸易条件、政府对非贸易品的花费、贸易限制与交易控制程度、技术进步、偿债率等指标作为影响实际均衡汇率的基本面要素，对人民币实际均衡汇率进行了计量分析。

冉茂盛、陈健、黄凌云、黄萍[2]（2005）以1994年第一季度至2004年第一季度的数据为样本，运用行为均衡汇率理论模型对人民币均衡实际汇率和人民币汇率失调程度进行了实证研究。结果表明，当前时期人民币实际汇率存在较为严重的低估现象，人民币存在升值预期。对人民币汇率失调背后的经济原因分析表明，盯住美元的汇率政策是造成人民币汇率失调的一个主要因素。央行需要进一步改革现行的汇率制度，根据外汇供求状况适当扩大人民币汇率的浮动区间，增强人民币汇率的弹性，避免人民币汇率出现长时期的失调。

王维国、黄万阳[3]（2005）在Edwards提出的ERER模型的基础上建立了一个人民币均衡汇率模型。实证结果表明，人民币实际有效汇率与贸易条件、开放度、政府支出、全要素生产率之间存在协整关系。通过建立误差修正模型发现，人民币汇率错位修正机制存在，自我修正功能较强，且有提高趋势；财政与货币政策变动对人民币实际有效汇率的短期影响不显著，人民币名义有效汇率变动对人民币实际有效汇率的短期影响显著且有提高趋势，而人民币兑美元名义汇率变动对人民币实际有效汇率的短期影响不显著。

---

① 刘莉亚，任若恩.人民币均衡汇率的实证研究［J］.统计研究，2002（5）：28-32.

② 冉茂盛，陈健，黄凌云，黄萍.人民币实际汇率失调程度研究：1994—2004［J］.数量经济技术经济研究，2005（11）：45-50.

③ 王维国，黄万阳.人民币均衡实际汇率研究［J］.数量经济技术经济研究，2005（7）：3-13.

张纯威[1]（2007）认为在各种均衡汇率模型中，一般均衡框架下的多方程结构模型具有比较优势。将该模型运用于人民币兑美元名义汇率分析显示，1994年以来，人民币保持基本均衡状态下的升值趋势，这种趋势仍将随着中国经济的持续快速增长而延续。但短期来看升值速度与货币当局干预强度反向相关。基于我国目前产出的汇率预期弹性大于利率预期弹性的现实，为避免升值对我国经济造成负面冲击，适度干预是必要的，同时也要通过恰当的外贸及资本管制政策来缓解升值压力，并为减少干预创造条件。

谷宇、高铁梅、付学文[2]（2008）根据资本项目不断开放及境内外利差对资本流动产生明显影响的实际情况，通过建立包含中美利差因素的人民币汇率的行为均衡汇率模型，对人民币汇率的均衡水平及错位程度进行了实证分析，并利用误差修正模型分析了宏观经济基本面对人民币汇率的影响。分析表明：从1997年至2007年，人民币汇率并未显著偏离其均衡水平。生产力发展水平、外国直接投资、贸易条件、国有企业比重在长期和短期内都对人民币汇率产生正向冲击，而开放度则表现为负向冲击。中美利差在长期内导致人民币汇率贬值，但在短期内表现为显著的正向冲击。建议政府管理好人民币升值的幅度和速度，密切关注人民币资产价格，利用利率政策等多种政策工具保持流动性处于适度水平。应加强对非法跨境套利资本的打击力度，避免大规模国际资本流动对人民币汇率造成重大冲击。

王泽填、姚洋[3]（2008）运用购买力平价法估计人民币均衡汇率，通过对184个国家及地区1974—2007年的年度面板数据进行估计，发现人民币自1985年以后一直被低估，2005—2007年人民币汇率被低估的幅度较大。与已有的多数文献相比，这一估计结果显得比较适中。还检验了估计结果对样本选择和解释变量选择的敏感性，结果证明估计结果具有高度稳健性。对人民币失

---

① 张纯威. 人民币现实均衡汇率的历史轨迹与未来走向——基于一般均衡框架下多方程结构模型的分析［J］. 数量经济技术经济研究，2007（6）：65-73.

② 谷宇，高铁梅，付学文. 国际资本流动背景下人民币汇率的均衡水平及短期波动［J］. 金融研究，2008（5）：1-12.

③ 王泽填，姚洋. 人民币均衡汇率估计［J］. 金融研究，2008（12）：22-35.

衡和我国贸易平衡的关系以及人民币向均衡水平调整速度的分析，进一步支持估计结果的合理性。认为应该放慢人民币升值速度，否则会带来一系列消极影响。

邹宏元、李晓斌[1]（2008）运用由 IMF 经济学家发展起来的宏观经济平衡方法，从分析中国基础经常项目、目标资本项目与储蓄—投资之间的内外均衡关系入手，确定人民币真实有效汇率可能偏离中期均衡汇率的程度。通过分析和计算，估计 2005 年人民币真实有效汇率可能低估的程度为 6%。

黄昌利[2]（2010）利用行为均衡汇率模型对人民币实际汇率进行了实证研究。结果显示，贸易部门的生产率、对外贸易状况、政府支出、货币供求状况等变量是人民币实际有效汇率的决定因素，人民币汇率失调程度呈收敛趋势。

唐亚晖、陈守东[3]（2010）根据行为均衡汇率（BEER）理论，选择若干影响实际汇率的基本经济变量为解释变量，通过对 1994—2009 年相关变量季度数据进行的实证分析得出结论：人民币实际有效汇率与所选择的解释变量存在协整关系，其中劳动生产率与贸易自由化是对实际汇率影响力度最大的两个变量，弹性系数分别是 0.1896 和 –0.3532；自 1994 年至今人民币长期均衡汇率呈总体上升趋势，原因在于我国人均 GDP 相对世界人均 GDP 的比值呈持续上升之势；观测期内人民币实际有效汇率长期趋势与长期均衡汇率的长期趋势基本吻合，人民币实际有效汇率不存在长期的失调情况，而呈交替出现低估与高估的特点。人民币汇率总体上不存在严重失调问题。

李泽广、Man-Wah Luke Chan[4]（2012）借鉴新近研究，采用经常账户缺口法、基本行为均衡方法的误差修正模型和 ML-ARCH 模型测度了人民币汇率的

① 邹宏元，李晓斌.人民币汇率偏离均衡程度的估计：在宏观经济平衡框架下的分析［J］.国际金融研究，2008（10）：68–74.

② 黄昌利.人民币实际有效汇率的长期决定：1994—2009［J］.金融研究，2010（6）：34–44.

③ 唐亚晖，陈守东.基于 BEER 模型的人民币均衡汇率与汇率失调的测算：1994Q1—2009Q4［J］.国际金融研究，2010（1）：29–37.

④ 李泽广，Man-Wah Luke Chan.基本面因素与人民币均衡汇率［J］.统计研究，2012（5）：51–56.

均衡区间，研究了影响均衡汇率变化的基本面因素。结果证实人民币被低估的水平并不十分显著，生产率的提升、贸易条件变化和增长导向的经济发展模式和外汇储备是决定均衡汇率变化趋势的关键基本面因素；均衡汇率变化的估值效应能够显著影响国外净资产水平。

杨长江、钟宁桦[1]（2012）认为，扩展型的购买力平价方法更适合于度量人民币均衡汇率水平，世界银行2005年购买力平价数据将人民币汇率水平上调了40%，显著降低了关于人民币低估程度的估计，当前人民币汇率并不存在严重的低估。

孙国锋、孙碧波[2]（2013）运用动态随机一般均衡（DSGE）模型，对1995年第四季度至2011年第四季度的人民币均衡汇率进行了测算。结果显示，美国次贷危机爆发后人民币汇率出现短暂高估，2009年之后人民币实际有效汇率逐渐趋于均衡水平。

（二）评价国外均衡汇率测算模型，研究符合我国国情的均衡汇率模型方面

国内有些学者对国外的均衡汇率测算模型进行了解读、分析，有些学者提出了适合中国的均衡汇率模型。

李天栋[3]（2006）对基本要素均衡汇率学说（FEER）的内在逻辑进行了梳理分析，在此基础上认为FEER存在内在的逻辑悖论：以实现内外均衡为目标的均衡汇率只能在内部均衡和外部均衡分别实现平衡的情况下才能实现，FEER只能是"锋刃上的均衡"，这个悖论颠覆了该理论学说作为政策指南的初衷。FEER的逻辑悖论是由对汇率作用的认识造成的，该文基于汇率的杠杆属性提出了超越FEER的可能路径。

---

① 杨长江，钟宁桦.购买力平价与人民币均衡汇率［J］.金融研究，2012（1）：36–50.

② 孙国锋，孙碧波.人民币均衡汇率测算：基于DSGE模型的实证研究［J］.金融研究，2013（8）：70–83.

③ 李天栋.基本要素均衡汇率的逻辑结构与悖论——基于汇率杠杆属性对FEER的超越［J］.国际金融研究，2006（10）：49–54.

姜波克、莫涛[①]（2009）在已经建立的基于内部均衡的人民币均衡汇率理论框架下，引入外部平衡约束，进而将模型拓展到基于内部均衡和外部平衡同时实现的长期均衡汇率模型，即"尖峰模型"，并给出了尖峰模型的运用原理。

肖红叶、王莉、胡海林[②]（2009）对经典行为均衡汇率模型进行了分析，指出其在估算实践中暗含技术上的严格假定，通过放松假定对模型进行改进，并通过人民币均衡汇率估算的经验分析，对改进工作进行检验。经验分析的主要结论是，人民币实际汇率短期存在低估，但与长期均衡汇率比较，其实际汇率一直存在高估的情况。由于均衡汇率水平的决定机制非常复杂，所以对于人民币汇率水平的升值调整必须慎重。

李正辉、范玲[③]（2009）认为对人民币均衡汇率水平的研究，不同学者的估计结果不相一致，至今没有统一观点。在此基础上，对均衡汇率的定义与内涵、人民币均衡汇率测算以及与之相关的影响因素等相关问题进行了综述，并对均衡汇率测算的主要模型进行了综述，认为均衡汇率测算研究结果不同主要是对均衡汇率的定义和确定的影响因素不同等方面所造成的，由此导致对人民币均衡汇率测算的方法互不相同，并在此基础上，分析了我国人民币均衡汇率测算中存在的研究空间。

四、对现有研究文献的评述

从已有的研究成果看，学者们就人民币国际化与汇率的关系以及人民币均衡汇率及失衡程度的测算等方面的研究取得了丰硕的成果。在人民币国际化对人民币汇率的影响方面，取得了人民币国际化会伴随升值压力、境内在岸市场

---

① 姜波克，莫涛. 人民币均衡汇率理论和政策新框架的再拓展——基于内部均衡和外部平衡的分析 [J]. 复旦学报（社会科学版），2009（4）：12–21.

② 肖红叶，王莉，胡海林. 人民币均衡汇率决定机制及其影响因素的作用分析——基于行为均衡汇率估算模型分析技术改进的研究 [J]. 统计研究，2009（3）：3–7.

③ 李正辉，范玲. 人民币均衡汇率测算模型研究中的相关问题 [J]. 统计研究，2009（3）：17–22.

掌握人民币汇率定价权、境外离岸人民币市场会对境内人民币汇率产生影响、境内外汇差及资本流动对人民币汇率影响显著等共识。在汇率对人民币国际化的影响方面，普遍认为人民币汇率稳定或升值趋势有助于人民币国际化，汇率波动幅度过大不利于货币国际化，境内外人民币汇率差异变动会对人民币国际化产生影响。在人民币均衡汇率方面，用不同的衡量方法测算了人民币均衡汇率以及人民币汇率的失衡程度，多数研究认为人民币汇率形成机制改革后人民币汇率不存在大幅失调问题。就人民币国际化进程中人民币汇率的决定和管理来说，目前的研究尚有一些不足，有待进一步深入研究。

第一，人民币国际化对名义汇率的直接影响。如人民币国际化进程中，跨境人民币结算替代结售汇进而对外汇市场供求和人民币汇率的影响以及离岸市场人民币存量变化对境内人民币汇率的影响，目前少有学者对其深入分析并进行定量研究。

第二，人民币名义汇率的决定。现有的研究大多根据贸易差额或经常项目差额数据分析人民币名义汇率变化及趋势，但是在资本项目开放程度不断提高，资本项目收支差额变化显著影响短期汇率波动的现实情况下，人民币名义汇率的波动具体由哪些因素决定？各因素的影响程度有多大？目前少有具有理论基础的系统化定量分析。

第三，如何管理人民币汇率，使其保持在合理均衡水平上的基本稳定。目前的学者仅仅用各种不同方法测算了人民币均衡汇率水平及名义或实际汇率的失衡程度，并未对人民币国际化进程中如何管理人民币汇率浮动幅度提出管理策略和措施。

第四，现有研究中汇率的样本区间多为2009年7月跨境人民币结算试点之前的数据，不能说明2009年7月人民币国际化进程启动后汇率的决定及管理情况。需要根据2009年7月人民币国际化正式启动以来影响人民币名义汇率和人民币实际汇率的各变量的最新数据，深入研究决定人民币汇率变化的各种因素，以及加强人民币国际化进程中人民币汇率管理的策略和措施。

第三节 本书的研究思路、研究框架、研究方法

本书的研究思路是：首先，根据人民币国际化对外汇市场供求影响的新形势，提出研究人民币国际化进程中汇率决定和管理的现实和长远意义。其次，介绍了人民币国际化以来汇率变化的特点，比较了主要国际货币国际化进程中汇率的变化特点，定量分析跨境人民币净支付替代结售汇对汇率决定的影响程度，通过分析影响外汇供求的各个渠道，提炼出影响人民币汇率的经济因素。在此基础上，通过计量分析，研究人民币兑美元汇率和人民币名义有效汇率的决定因素，测算人民币实际汇率的失衡程度。最后，根据人民币名义汇率决定分析结论和人民币实际汇率失衡程度测算结论，结合主要国际货币国际化期间汇率变化的特点，提出相应的管理人民币汇率的策略和措施。

本书的研究框架见图1-1。

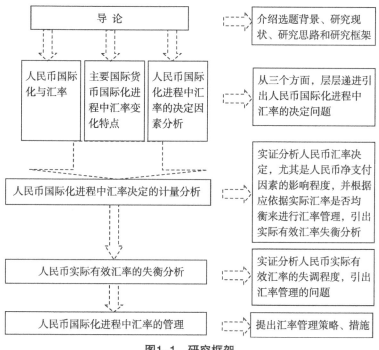

图1-1 研究框架

本书的具体结构安排如下：

第一章阐述了本书的选题背景与研究目标、相关研究综述、研究思路、研究框架、研究方法、可能的创新点与不足、汇率的相关概念和研究时间段的界定。

第二章分析了人民币国际化对人民币汇率的影响。首先，介绍了人民币国际化的含义、进展，分析了人民币国际化以来汇率变化的特点。其次，对跨境人民币净支付对境内外汇市场的影响进行了定量分析，对跨境人民币结算的交易需求和投机需求进行了分解。最后，分析比较了美元、德国马克、日元在国际化时期汇率变化的特点，得出主要国际货币国际化期间汇率变化的启示。

第三章对人民币国际化进程中名义汇率的决定因素进行了深入分析。首先，对主要的汇率决定理论进行评述。其次，根据人民币名义汇率由国际收支基础上的外汇供求决定的本质，全面分析了国际收支各项目、跨境人民币收支、境内市场主体外汇资产负债结构调整、央行干预等影响外汇供求的渠道。最后，对这些渠道背后的实体经济因素和市场因素进行了归纳，并定量分析了各渠道对外汇供求的影响程度，为下一章的人民币名义汇率决定实证分析中的变量选择提供依据，也为实证分析的结果解释提供依据。

第四章对人民币国际化进程中名义汇率的决定进行了计量分析。首先，根据第三章研究结果选择解释变量，根据研究目的选择样本区间。其次，构建多元线性回归模型对人民币兑美元汇率进行了实证分析，构建盯住美元式人民币名义有效汇率决定模型对人民币名义有效汇率进行了计量分析，得出人民币兑美元汇率由跨境人民币净支付、境内外利差、人民币升（贬）值预期决定，人民币名义有效汇率由人民币兑美元汇率和美元指数决定的结论。

第五章对人民币实际有效汇率的失调程度进行了测算和分析。首先，介绍了均衡汇率的测算方法和人民币均衡汇率研究的沿革。其次，根据行为均衡汇率理论，选择劳动生产率、贸易条件、贸易开放度、政府支出作为基本经济变量，根据人民币名义汇率决定实证分析的结论，增选离岸人民币资产规模、境内外实际利差作为基本经济变量，构建行为均衡汇率模型，测算人民币均衡汇率和人民币汇率的失调程度，结果显示人民币实际有效汇率基本处于均衡水平。

第六章在前文分析的基础上，做出了人民币实际汇率基本处于均衡水平的判断，提出了人民币汇率管理的目标、策略、措施。提出了通过加强人民币兑美元汇率弹性来解决人民币汇率管理目标和操作目标不一致的难题，在人民币国际化不同阶段采取不同浮动幅度的管理策略以及对人民币汇率管理应采取的措施。

本书的研究方法：定性分析与定量分析相结合，以定性分析为基础，定量分析为手段；实证分析与规范分析相结合，以规范分析为依据，实证分析为工具。

第四节 本书可能的创新点、难点

一、本书可能的创新点

第一，根据名义汇率由外汇市场供求决定的本质，分析了国际收支基础上影响银行间外汇市场供求的各项因素，挖掘出跨境人民币净支付是影响人民币汇率变化的重要因素。利用 2010 年第三季度至 2014 年第四季度的最新数据进行实证分析，测算了跨境人民币净支付对汇率的显著影响程度，发现跨境人民币净支付增加 1 000 亿元，将使人民币兑美元即期汇率升值 0.58%。这可能是目前文献中所没有的。

第二，根据人民币离岸市场快速发展并对人民币汇率产生影响的实际情况，将离岸人民币市场规模纳入人民币实际均衡汇率测算的模型之中，并利用 2005 年第三季度至 2014 年第四季度的数据进行实证分析。结果显示，人民币离岸市场规模对人民币均衡实际汇率产生显著影响，离岸人民币资产规模每扩大 1%，将带动人民币实际有效汇率升值 0.02%。

第三，根据人民币国际化进程的阶段性，明确提出人民币国际化进程中"分阶段按不同浮动幅度管理"的人民币汇率管理策略。在人民币国际化的初级阶段，采取保持人民币兑美元汇率相对稳定、逐步放宽汇率波动幅度的策略，并将人民币汇率年度波动幅度确定为人民币与美元利差幅度基本一致的水平上，以适应人民币国际化进程中资本流动影响逐渐增强的现实，解决人民币汇率操作目标与管理目标不匹配的难题。在人民币国际化的高级阶段，应采取自由浮动策略，但仍应对汇率超调适时进行管理，防范大规模投机交易对汇率产生的异常波动风险。通过不同阶段不同管理的策略，既发挥市场在人民币汇率形成中的决定性作用，又保持人民币汇率在合理均衡水平上的基本稳定，以促进人民币国际化进程。

二、本书研究中的难点和不足

第一，人民币净支付中，既有人民币国际化的长期趋势因素，也有利用境内外两个市场套取境内外汇差收益的套汇因素，本书虽利用境内外利差和境内外汇差作为交易需求和套利需求的代表变量对二者进行了定量分析，但是否有更为准确的区分方法，受作者能力所限，有待进一步探讨。

第二，在人民币均衡汇率计算中，本书运用了行为均衡汇率法，正如书中对各类均衡汇率测算方法所作的分析，行为均衡汇率方法也存在一定的不足，是否有更适合中国的人民币均衡汇率测算模型，有待进一步探索。

第三，目前境内人民币兑美元远期汇率更多反映了人民币和美元利差的影响，并不能完全反映人民币币值变动预期。如何寻找更合适的人民币汇率预期的代表变量，或者如何剔除人民币兑美元远期汇率中的利差因素，有待进一步探索。

如何克服上述难点和深入探索相关问题，也是作者今后研究中的努力方向。

第五节　相关概念和研究时间段界定

一、相关概念

（一）名义汇率和实际汇率

名义汇率，就是两种不同货币之间的折算比价，也就是以一种货币表示的另一种货币的相对价格（姜波克，2014）。名义汇率的表达方式有两种。一种是直接标价法，即以一定单位的外国货币为标准来折算应付本国货币数量的汇率标价方法。直接标价法下，当一定单位外币折算的应付本国货币数量增加时，本国货币贬值，反之，当一定单位外币折算的应付本国货币数量减少时，本国货币升值。另一种是间接标价法，即以一定单位的本国货币为标准来折算应收外国货币数量的汇率标价方法。间接标价法下，当一定单位的本国货币折算的应收外国货币数量增加时，本国货币升值，反之，当一定单位的本国货币折算的应收外国货币数量减少时，本国货币贬值。

实际汇率。实际汇率是相对于名义汇率而言的，是两国商品实际价格即两国货币实际币值进行对比的形式。由于衡量实际价格的方法有多种，所以实际汇率也有多种不同的表达形式。常用的实际汇率是指外部实际汇率。

外部实际汇率。公式为 $R=eP_f/P_d$，其中，R 为实际汇率，e 为直接标价法下的名义汇率，P_f 为外国商品的价格水平，P_d 为本国商品的价格水平。[①] 这一公式反映的是本国商品与外国商品实际价格的对比或本国货币实际价值与外国货币实际价值的对比。R 值下降，意味着本国货币升值，反之则本国货币贬值。

（二）双边汇率和有效汇率

双边汇率，即两个不同货币之间的汇率。可以根据汇率不同，分为双边名义汇率、双边实际汇率。

有效汇率。有效汇率是根据一定指标加权平均后的汇率，一般常用的是以一个国家或经济体对某国或某经济体的贸易在其全部对外贸易中的比重为权数。有效汇率以贸易比重为权数，能够反映一个国家或经济体的货币汇率在国际贸易中的总体竞争力和总体波动幅度。根据贸易加权的有效汇率的计算公式为

A 国的有效汇率 $= \sum_{i=1}^{n}$（A 国货币对 i 国货币的汇率

$\times$ A 国同 i 国的贸易值 /A 国的全部对外贸易值）

有效汇率对名义汇率加权，得到的是名义有效汇率。有效汇率对实际汇率加权，得到的是实际有效汇率。

---

① 姜波克 . 国际金融新编（第五版）［M］. 上海：复旦大学出版社，2014：52–58.

（三）即期汇率和远期汇率

即期汇率指成交后的两个营业日以内交割的汇率。即期汇率用于外汇的现货买卖。

远期汇率指成交后的将来某一日期交割的汇率，即在当期约定，并在将来某一时刻（比如 1 个月后）交割外汇时所用的汇率。远期汇率用于外汇远期交易和期货买卖。当某种外币的远期汇率高于即期汇率时，称该外币的远期汇率为升水；反之，当某种外币的远期汇率低于即期汇率时，称该外币的远期汇率为贴水。升贴水的幅度为远期汇率和即期汇率之差。

（四）均衡汇率

均衡汇率是指均衡实际汇率，是一个规范性的概念。纳克斯（1945）把均衡汇率定义为在国际收支平衡和充分就业同时实现时的实际汇率，即使内外均衡能够同时实现的实际汇率。均衡汇率是中长期内使经济同时达到内外均衡，也就是与宏观经济均衡发展相一致的汇率水平。均衡汇率实际上是一种理想的汇率水平，其重要意义在于，如果能够确定使经济同时实现内外均衡发展的汇率水平，同时，经济中的实际汇率是可以观察到或测算出来的，那么就可以通过汇率或其他政策调整，使实际汇率向均衡汇率趋近，从而保证经济在内外均衡同时实现的状态下健康发展。

二、研究时间段的界定

在研究人民币名义汇率决定时，研究时间段为 2009 年 7 月跨境人民币结算试点启动后的 2009 年第三季度至 2014 年第四季度，以完整反映人民币国际化以来人民币汇率的决定因素。

在研究人民币实际有效汇率失调情况时，由于协整分析需要较大的样本数据量，所以将研究时间段扩大为 2005 年 7 月人民币汇率形成机制改革后的 2005 年第三季度至 2014 年第四季度，重点分析了 2010 年 6 月跨境人民币结算试点扩大和进一步推进人民币汇率形成机制改革后的 2010 年第三季度至 2014

年第四季度的人民币实际有效汇率失调情况。

在研究人民币汇率管理策略和措施时，研究时间段为 2009 年 7 月人民币国际化启动以来至未来人民币成为主要国际货币的整个国际化时期。

本章小结

本章对本书的研究内容和研究结果进行了概括介绍，并列示了汇率的几个相关概念，对本书研究的时间段进行了界定。

第一节阐述了选题背景及研究目标。2009 年 7 月人民币国际化正式启动以来，人民币汇率决定处于人民币国际化进程不断加快所带来的新环境：跨境收支中人民币比重不断提高，离岸人民币市场规模迅速扩大且与境内人民币汇率互相影响，资本流动规模接近经常项目交易规模且顺差和逆差转化较快，人民币汇率弹性不断增强，双向波动态势明显。研究人民币国际化进程中汇率的决定和管理具有现实意义和历史意义。研究目标是：深入分析人民币国际化如何对外汇供求和人民币汇率产生影响；研究人民币国际化进程中决定人民币汇率变化的主要因素；如何在市场决定前提下对汇率进行有效管理，使其能够持续处于基本均衡水平。

第二节对国内外相关研究进行了综述。现有研究与本书相关的主要集中在三个方面：人民币国际化对汇率的影响、汇率对人民币国际化的影响、人民币均衡汇率研究。现有研究在人民币国际化与汇率的关系以及人民币均衡汇率及失衡程度的测算等方面取得了丰硕的成果。但是就人民币国际化进程中人民币汇率的决定和管理来说，存在一些不足，如在人民币国际化对名义汇率的直接影响、人民币名义汇率由哪些因素决定、如何管理人民币汇率等方面的研究并不多，另外对 2009 年 7 月跨境人民币结算试点之后的实证研究较少，这些都有待进一步深入研究。

第三节阐述了本书的研究思路、研究框架、研究方法。研究思路是通过层层递进，分析人民币国际化对人民币汇率的影响、人民币国际化进程中名义汇率的决定、人民币实际汇率的失衡程度、人民币国际化进程中汇率的管理。根据研究思路，勾勒出本书的研究框架。根据研究需要，本书使用的研究方法为：

定性分析和定量分析相结合，实证分析和规范分析相结合。

第四节列示了本书可能的创新点、难点。可能的创新点包括：挖掘出跨境人民币净支付是影响人民币汇率变化的重要因素，实证分析结果显示，跨境人民币净支付增加 1 000 亿元，将使人民币兑美元即期汇率升值 0.58%；将离岸人民币市场规模纳入人民币实际均衡汇率测算的模型之中，实证分析结果显示，离岸人民币资产规模扩大 1%，将带动人民币实际有效汇率升值 0.02%；提出人民币国际化进程中"分阶段按不同浮动幅度管理"的人民币汇率管理策略。难点：是否有更为准确的区分跨境人民币净支付交易需求和套利需求的方法、是否有更适合中国的人民币均衡汇率测算模型、如何寻找更合适的人民币汇率预期的代表变量，等等。这些有待进一步探索。

第五节列示了与汇率相关的几个概念，对本书研究的时间段进行了界定。介绍了名义汇率和实际汇率、双边汇率和有效汇率、即期汇率和远期汇率、均衡汇率。研究人民币名义汇率决定时，研究时间段为 2009 年 7 月跨境人民币结算试点启动后的 2009 年第三季度至 2014 年第四季度，以完整反映人民币国际化以来人民币汇率的决定因素。研究人民币汇率管理策略和措施时，研究时间段为 2009 年 7 月人民币国际化启动以来至未来人民币成为主要国际货币的整个国际化时期。

下一章将以本章相关内容为指引，分析人民币国际化对人民币汇率产生的直接影响，为后文的外汇供求渠道分析和人民币名义汇率决定的计量分析等奠定基础。

第二章 人民币国际化对人民币汇率的影响分析

本章首先介绍了人民币国际化的含义和进展，接着分析了人民币国际化以来汇率变化的特点，重点是对跨境人民币净支付对境内外汇市场供求的影响进行定量分析，最后对美元、德国马克、日元在国际化期间汇率变化的特点进行了比较分析，并得出一些规律性的启示。本章的作用在于对人民币国际化对外汇供求进而对汇率的直接影响进行分析，为第三章全面分析外汇市场供求奠定基础。

第一节 人民币国际化的含义、进展

一、人民币国际化的含义

国际货币的概念是货币概念从一国范围向国际社会范围的自然延伸。从货币最基本的交易媒介职能出发，可以对国际货币作出如下定义：国际货币是在发行国之外流通，在发行国之外的居民与发行国或第三方国家居民间的交易活动中使用的货币。

人民币国际化，指的是让人民币逐步成为国际产品与服务贸易的结算货币，各主要投资机构及中央银行的储备货币，更重要的是成为国际金融活动的工具货币。[①]

---

① 李稻葵.人民币国际化道路研究［M］.北京：科学出版社，2013：14-15.

二、人民币国际化的进展

大体看，可将至今的人民币国际化进程划分为人民币国际化的自发产生阶段和人民币国际化的快速发展阶段两个阶段。

（一）人民币国际化的自发产生阶段

这一阶段指 2009 年 7 月由中国人民银行等六部委联合发布《跨境贸易人民币结算试点管理办法》之前的阶段。这一阶段的人民币国际化，不是由政府制度化安排产生，而是通过边境贸易、旅游消费、人员流动等渠道自发形成。

1. 现钞跨境流动方面

中国人民银行 2007 年的调查结果显示，2006 年末，人民币现钞在我国港澳台地区和周边接壤国家跨境流出入总量约为 8 567 亿元，其中流出 4 344 亿元，流入 4 223 亿元，净流出 121 亿元，占当年现金累计净投放的 3.98%。同时，人民币现钞在港澳台地区及周边接壤国家的存量也呈快速增长态势，2006 年末余额为 215 亿元，比 1996 年增长 4.8 倍，年均增长 19.2%。

2. 国际贸易结算方面

人民币在中国与周边国家（地区）边境贸易中得到了普遍使用。从 1993 年起，中国人民银行与越南、蒙古国、老挝、尼泊尔、俄罗斯、吉尔吉斯斯坦、朝鲜、哈萨克斯坦和白俄罗斯 9 个国家的中央银行签署了边贸本币结算协定，允许两国本币（或仅是人民币）用于两国边贸结算，允许商业银行在海关备案后跨境调运两国本币现钞。

3. 对外直接投资方面

这个时期，中国境内居民也开始使用人民币进行对外直接投资。根据中国人民银行的调查统计，2002—2006 年，中国在缅甸、朝鲜、蒙古国、越南、老挝进行人民币直接投资的企业达 738 家，累计人民币投资额为 51.6 亿元。

4. 金融产品计价方面

人民币发挥金融产品计价货币的职能集中表现在香港人民币债券市场上。2007 年 6 月，国家开发银行率先在香港发行 50 亿元人民币债券。截至 2008 年

9月，国家开发银行、中国进出口银行、中国银行、交通银行、建设银行5家内地金融机构共7次在香港发行人民币债券，共计220亿元。

总体来看，这一阶段的人民币跨境使用呈现出自发性、规模小的市场主导型特征，人民币国际化程度较低。中国人民银行（2007）计算了2002年有关货币的国际度指数，以美元国际化水平为标准（100），欧元、日元和人民币的国际化程度分别为40、28.2和2。

（二）人民币国际化的快速发展阶段

这一阶段从2009年7月试点跨境贸易人民币结算开始。2009年7月，中国人民银行等六部委联合发布了《跨境贸易人民币结算试点管理办法》，决定在上海和广东省广州、深圳、珠海、东莞4个城市先行开展跨境贸易人民币结算试点工作，境外地域范围暂定为我国港澳地区和东盟国家。这项工作可以发挥人民币计价结算对贸易和投资便利化的促进作用，也可以满足企业对跨境贸易人民币结算的实际要求。跨境贸易人民币结算试点正式启动，意味着人民币国际化迈出了历史性的一步。这一阶段，政府的政策推动作用逐步加强，人民币国际化进入快速发展阶段。截至2014年底，人民币国际化在各个领域都取得了明显的成果，2014年底的中央经济工作会议明确提出"稳步推进人民币国际化"的要求。

1. 人民币跨境使用的政策框架基本确立

一是经常项目跨境结算政策基本确立。2009年7月开始试点跨境贸易人民币结算。2010年6月，跨境贸易人民币结算的境外地域由港澳、东盟地区扩展到所有国家和地区，境内试点地区扩大到二十个省（区、市），试点业务范围进一步扩大为跨境货物贸易、跨境服务贸易和其他经常项目结算。2011年8月，跨境贸易人民币结算境内地域范围扩大至全国。2012年2月，出口货物贸易人民币结算扩大至所有具有进出口经营资格的企业，至此，全面实现了企业进出口货物贸易、跨境服务贸易和其他经常项目人民币跨境结算，经常项目跨境结算的政策体系基本确立。

二是资本和金融项目人民币跨境结算政策逐步建立。2010年10月，跨境直接投资人民币结算试点在新疆正式启动。2011 年 1 月，允许跨境贸易人民币结算试点地区内登记注册的非金融企业以人民币开展境外直接投资。2011 年 10 月，中国人民银行出台了境内银行业金融机构境外项目人民币贷款的指导意见，扩大了人民币在资本项目下的跨境使用。2010 年 8 月，允许境外中央银行或货币当局、港澳人民币清算行、跨境贸易人民币结算境外参加银行三类境外机构运用人民币投资境内银行间债券市场，拓宽了人民币回流渠道。2011 年 10 月，允许境外投资者和境内外商投资企业以人民币办理外商直接投资相关的结算业务。2011 年 12 月，允许基金管理公司、证券公司人民币合格境外机构投资者（RQFII）运用在香港募集的人民币资金投资境内证券市场。2013 年 9 月，允许境外投资者投资境内金融机构使用人民币进行跨境结算。2013 年 11 月，跨境人民币双向资金池业务扩展至全国。2014 年 11 月，允许人民币合格境内机构投资者可以自有人民币资金或募集境内机构和个人人民币资金，投资于境外金融市场的人民币计价产品。2014 年 11 月 17 日，沪港通下的股票开始交易。深圳前海和上海自贸区还试点人民币跨境贷款业务。至此，资本和金融项下的直接投资、证券投资、跨境贷款政策框架基本建立。

三是人民币跨境清算地域不断扩大。截至 2014 年底，已经在中国香港、中国澳门、中国台湾、新加坡、伦敦、法兰克福、首尔、巴黎、卢森堡、多哈、多伦多、悉尼 12 个国家和地区建立了人民币清算行系统，地跨亚洲、欧洲、北美和大洋洲，清算行、代理行、境外机构境内外汇账户（NRA）构成了人民币跨境结算的完整通道。人民币跨境支付系统（CIPS）正在积极建设中，该系统建成后将使人民币支付清算环境更加完善。

2. 人民币国际货币职能及境外离岸市场快速发展

一是国际贸易结算货币职能飞速发展。2014 年，跨境人民币结算金额 7.6 万亿元，人民币已成为我国国际收支中第二大跨境支付货币，在全部跨境收支中占比接近 25%，该占比较 2010 年提高 23 个百分点。从境外使用地域看，与 174 个国家发生了跨境人民币收付业务。环球同业银行金融电讯协会（SWIFT）统计数据显示，2014 年 1 月，人民币作为全球支付货币的市场占有率为 1.39%，排名首次升至第 7 位。2014 年 11 月，人民币已超越加元、澳元，成为全球第五大常用支付货币，紧随美元、欧元、英镑、日元，代表着人民币已由新兴货币过渡为常用支付货币。2014 年 12 月人民币在全球支付货币的市场占有率为 2.17%，与日元市场占有率的差距为 0.52 个百分点。

二是投资货币职能快速发展。CEIC 数据显示，截至 2014 年 10 月底，人民币对外直接投资当年累计达 1 445 亿元，较 2012 年同期增长 5.2 倍；人民币外商直接投资当年累计达 6 484 亿元，较 2012 年同期增长 2.8 倍。国家外汇管理局统计数据显示，截至 2014 年 11 月 28 日，共审批人民币合格境外机构投资者（RQFII）投资额度 2 984 亿元。CEIC 数据显示，2014 年 9 月底，境外机构和个人持有境内人民币股票 4 625 亿元，较 2013 年底增长 34.1%；持有境内人民币债券 6 341 亿元，较 2013 年底增长 58.9%；持有境内人民币贷款资产 8 605 亿元，较 2013 年底增长 62.1%；持有境内人民币存款资产 22 372 亿元，较 2013 年底增长 39.4%。环球同业银行金融电讯协会（SWIFT）统计数据显示，2013 年 10 月人民币取代欧元成为第二大国际贸易融资货币，当月人民币在国际信用证和托收的市场占有率为 8.66%。

三是金融市场交易货币职能发展较快。国际清算银行三年一度的中央银行调查数据显示，2013 年 4 月全球外汇交易中人民币日均交易额为 1 195.6 亿美元，占全球外汇交易日均交易量的 2.2%，在全球外汇货币排名中由 2010 年 4 月的第 17 位升至第 9 位，日均交易额较 2010 年 4 月增长 2.5 倍，远高于同期全球外汇交易 32% 的增速，占比较 2010 年 4 月提高 1.3 个百分点。2014 年第三季度中国银行离岸人民币指数报告数据显示，该季度人民币外汇交易占全球外汇交易量的份额上升至 3.93%，较上一季度提升 0.26 个百分点。在银行间外汇市场上，人民币对美元、日元、澳元、新西兰元、英镑、欧元 6 个世界主要货币已经实现直接交易。2014 年 9 月 18 日，上海黄金交易所国际业务板块正式启动，推出了人民币报价的贵金属产品，当天国际会员首笔交易撮合竞价成功，标志着国际黄金市场也采用了人民币交易。

四是人民币已成为部分发展中国家和发达国家的储备货币。截至 2014 年 11 月底，我国与境外 28 个中央银行签订了双边本币互换协议，总金额超过 3 万亿元人民币。英国于 2014 年 10 月 14 日成功发行人民币主权债券，规模为

30 亿元人民币，期限为 3 年。英国是首个发行人民币主权债券的西方国家，债券发行收入将纳入英国外汇储备，人民币随之成为英国的第五大外汇储备货币，居美元、欧元、日元、加元之后。截至 2014 年 10 月底，将人民币纳入其外汇储备的央行和货币当局已超过 30 家。

五是境外离岸市场规模显著扩大，人民币境外使用活跃度明显提升。2014 年 10 月末，香港人民币存款余额达 9 436 亿元，较 2009 年末增长 14 倍；2013 年末，香港人民币贷款余额 1 156 亿元，较 2011 年末增长 2.8 倍；2014 年 11 月末，香港人民币债务工具余额 4 127 亿元，较 2013 年末增长 97.9%。[1] Wind 数据显示，2014 年 10 月末，台湾人民币存款余额 3 005 亿元，较 2012 年末增长 4.2 倍；人民币贴现及放款余额 171 亿元，较 2013 年末增长 34.6%。2014 年 9 月末，新加波人民币存款余额 2 570 亿元，较 2013 年末增长 31.8%。2014 年 6 月末，卢森堡人民币存款、贷款余额分别为 672 亿元和 728 亿元，较 2013 年末分别增长 5% 和 35.3%。

中国银行 2014 年第三季度离岸人民币指数报告数据显示，该季度末中国银行离岸人民币指数升至 1.19%，较 2011 年第四季度上升 2.7 倍；离岸人民币存款约为 2.78 万亿元，较上季度末上升 9.43%；在全球所有货币离岸存款中，人民币存款的比重上升至 1.69%，较上季度末提升 0.14 个百分点；境外债券余额约为 4 540 亿元，较上季度末增长约 4.2%。中国银行的《人民币业务白皮书》显示，2014 年有 41% 的境外企业反馈其与中国大陆以外的第三方之间发生过人民币跨境收付，该占比较 2013 年提高 31 个百分点，说明人民币在第三方的使用更加普遍。从金融市场价格看，香港已形成较为完整的离岸人民币存贷款利率、离岸人民币同业拆借利率、离岸人民币即期和远期汇率、离岸人民币汇率期货、离岸人民币国债收益率曲线等。

综合来看，人民币国际化程度有了较大的提升。中国银行跨境人民币指数（CRI）数据显示，2014 年 9 月 CRI 指数为 243 点，较 2011 年 12 月的 100 点

---

[1] 数据来源：Wind、金融数据月报［EB/OL］. https://www.hkma.gov.hk/gb_chi/data-publications- and-research/data-and-statistics/monthly-statistical-bulletin/.

上升了 1.43 倍。中国人民大学国际货币研究所数据显示，2013 年底人民币国际化指数（RII）为 1.69，较 2013 年初的 0.92 劲升 84%，增速较 2012 年进一步加快，2014 年第二季度末人民币国际化指数进一步升至 1.96。

第二节　人民币国际化时期人民币汇率变化的几个特点

一、人民币存在持续升值趋势，且汇率波动程度有所加大

一国货币的国际化是在该国经济保持较高速度的增长且经济总量在国际上位居前列，国际收支保持较长时期顺差的基础上自发产生的，国际化时期境外对该国货币需求不断增大，加之劳动生产率的相对较快提高，该国货币汇率因而具有长期升值的趋势。2009 年以来，人民币总体维持升值趋势，也验证了这一理论基础。同时，由于货币国际化时期，利率市场化和汇率市场化的不断推进，资本流动规模扩大且流出入的方向受市场影响更易于变化，导致外汇市场供求波动性增强，使得人民币汇率的波动程度有所加大。

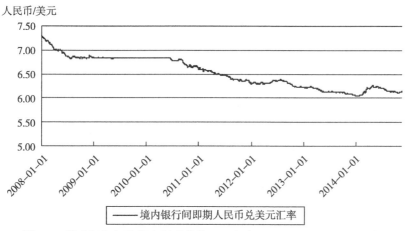

图2-1　境内银行间即期人民币兑美元汇率（2008.1.1—2014.11.28）

（资料来源：路透数据库。）

从图 2-1 可以看出，2008 年以来，境内外汇市场人民币对美元总体维持升值趋势，但 2012 年年中和 2014 年上半年也出现了一段时间的贬值走势，说明人民币汇率在升值中波动程度加大。人民币国际化伴随着人民币升值，一是因为经济长期持续相对较快增长产生的升值压力；二是因为净输出本币替代对外汇的净购买，相应增大净结汇压力，进一步增大了人民币的升值压力。

二、人民币净支付替代净售汇，增加了汇率的波动性

银行间外汇市场的外汇供求决定了人民币的名义汇率。在人民币不能用作跨境结算货币的时期，银行间外汇市场的人民币汇率完全由国际收支外汇支付的购汇需求和国际收支外汇收入的结汇需求的均衡决定，其供求关系如图 2-2 所示。

图2-2　银行间市场人民币兑外汇交易供求示意图

当人民币可以被用于跨境收支结算时，这部分交易无须到银行间外汇市场购买外汇进行支付或收汇后结汇成人民币，而是通过交易主体在银行的人民币账户直接进行跨境收支交易。跨境人民币收支结算对银行间市场人民币兑外汇的交易产生了替代，使国际收支的变化不能完全反映在银行间外汇市场人民币汇率的变化上。若跨境人民币结算产生净支付（支出大于收入）时，将替代银行间外汇市场的净售汇（购汇支出大于结汇收入）需求，相应使银行间外汇市场产生净结汇（结汇收入大于购汇支出）压力，增大了人民币的升值压力；反之，当跨境人民币结算产生净收入时，将替代银行间外汇市场的净结汇需求，增大人民币的贬值压力。

在当前资本项目不是完全可兑换，境外离岸市场和境内在岸市场的人民币汇率和利率存在差异的情况下，跨境人民币收支除了正常的因贸易和投资需要产生的交易需求外，还存在明显的套取境内外汇差和利差的套利需求。套利需求更易因境内外汇差和利差的变化而产生流出入方向上的变化，改变跨境人民

币结算收支差额的规模和方向，进而改变银行间外汇市场上结售汇差额的规模和方向，最终增大了人民币汇率的波动性。

三、资本和金融项目对外汇供求差额的影响日益显著

人民币国际化的最终目标是要成为全球储备货币，这需要人民币逐步实现完全可兑换。2009 年以来，资本和金融项目下人民币可兑换的程度越来越高，该项目交易的规模和差额在整个国际收支规模和差额中的占比也越来越高。在经常项目保持顺差的情况下，资本和金融项目差额的规模和方向对整个国际收支差额的规模和方向以及外汇供求产生越来越重要的影响。

从国际收支看，资本和金融项目收支规模占整个国际收支规模的比例从 2000 年的 20% 左右不断上升，2009 年至 2013 年该比例稳定在 37% 左右；资本和金融项目收支差额占整个国际收支差额的比例存在一定的波动性，2009 年至 2011 年逐年提高，2012 年受年中人民币贬值影响出现逆差使占比降为负数，2013 年该比例又回升至 64%。从图 2-3 可以看出，国际收支中资本和金融项目收支差额的影响要大于资本和金融项目收支规模的影响。

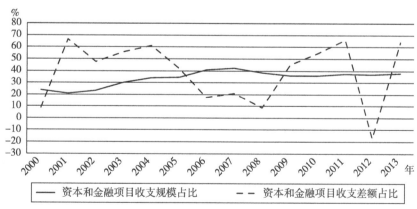

图2-3　2000—2013年国际收支中资本和金融项目收支规模和差额占比变化
（资料来源：国家外汇管理局。）

从银行代客涉外收付看，资本和金融项目收付差额在整个涉外收付差额中逐渐起到决定性作用。国际收支平衡表根据权责发生制原则编制，其中的一些数据并未产生资金的实际收付，从而不会对外汇市场的人民币即期汇率产生直

接影响，如贸易信贷数据。从国家外汇管理局公布的 2010—2013 年银行代客涉外收付数据看，资本和金融项目涉外收付总额在整个涉外收付总额中的占比从 2010 年的 9% 逐年升至 2013 年的 11%；资本和金融项目涉外收付差额在整个涉外收付差额中的占比从 2010 年的 33% 逐年升至 2012 年的 117%，2013 年回落至 76%，依然起到决定性作用。

从银行代客结售汇看，资本和金融项目结售汇波动性更大，进而增大人民币汇率的波动性。银行代客结售汇可以对银行间外汇市场人民币汇率产生直接影响，国家外汇管理局公布的数据显示，2010 年和 2011 年银行代客资本和金融项目结售汇顺差在当年银行代客结售汇顺差中的占比均为 13%，而该比例在2012 年降至 3%，2013 年回升至 10%，2014 年 1~10 月降至 –2%，反映出 2012年年中和 2014 年人民币贬值促使资本和金融项下资金购汇流出，也反映出资本和金融项下外汇资金流入和流出的方向更易变化，容易使人民币汇率产生更大的波动。

四、境外离岸市场对境内人民币汇率产生明显影响

目前，我国资本和金融项目尚未实现完全可兑换，境外离岸人民币市场的利率、汇率均与境内市场存在差异，套利需求引发大量的资本跨境流动，进而对境内人民币即期汇率产生较大影响。此外，境外无本金交割远期汇率（NDF）对境内即期汇率也具有一定的引导作用（见图 2-4）。

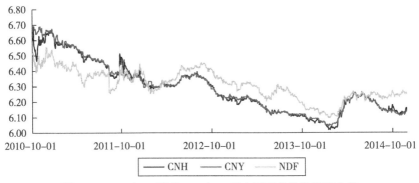

图2-4　2010年10月至2014年11月人民币兑美元汇率走势
（资料来源：路透数据库。）

根据对主要离岸市场的统计，2014年10月末，离岸市场人民币存款余额约为1.6万亿元，远低于我国2014年9月末3.9万亿美元的外汇储备余额，境外人民币存款有充足的兑换保证。因此，境外人民币持有者对人民币汇率保持稳定有较强的信心，不会出现大量离岸人民币兑换为美元的外部冲击，其主要影响为通过套取两个市场汇差和利差的套利交易使境内市场人民币汇率产生较大的波动。

五、人民币汇率波动更具顺周期性

在人民币国际化初期，由于资本和金融项目没有完全实现可兑换，境内市场和境外离岸市场间客观存在人民币利差、本外币利差、人民币汇差，因此部分具备跨境套利条件的市场主体通过跨境人民币收支、资产和负债在本外币间调整、持汇意愿变化等获取利差或汇差收益。顺周期性是指国内经济增长较快时期，追逐利差或汇差的境外资本和境内企业的财务运作行为使资本净流入压力增大，进一步使外汇市场供大于求，进而增大人民币升值压力；反之，在经济增速下滑时期，之前流入境内的逐利资本和境内企业的财务运作行为使资本净流出压力增大，进一步使外汇市场供小于求，进而增大人民币贬值压力。人民币汇率波动的顺周期性主要有以下两个形成渠道。

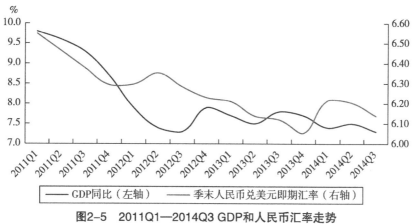

图2-5 2011Q1—2014Q3 GDP和人民币汇率走势

（资料来源：Wind、路透数据库。）

一是人民币升值预期和本外币利差变化改变市场主体的结售汇意愿和资产负债币种结构，进而改变银行间市场的外汇供求关系，最终使人民币汇率波动具有顺周期性。这条渠道的演变路径是：国内经济增速加快、贸易顺差扩大→人民币升值预期增强、人民币和外币维持较大正向利差→市场主体收汇后尽快结汇以及将存量外汇结汇（资产本币化）、采用贸易信贷负债和外汇贷款以延迟购汇（负债外币化）→外汇市场净结汇压力增大→人民币进一步升值→人民币升值预期进一步增强；国内经济增速放缓、贸易顺差收窄→人民币贬值预期增强、人民币和外币间正向利差收窄→市场主体收汇后推迟结汇（资产外币化）、尽快购汇支付以及偿还前期外汇贷款（负债去外币化）→外汇市场净售汇压力增大→人民币进一步贬值→人民币贬值预期进一步增强。

这个渠道的主要数据表现为市场主体结售汇意愿的变化和外汇存贷款的变化。上述演变路径分析表明，当人民币升值预期增强时，市场主体的结汇意愿较强，购汇意愿较弱，外汇存款增长放缓或下降，外汇贷款较快增长；当人民币贬值预期增强时，市场主体的结汇意愿较弱，购汇意愿较强，外汇存款较快增长，外汇贷款增长放缓或下降。

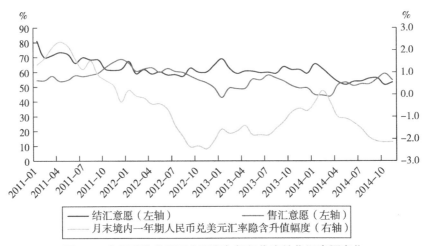

图2-6　人民币兑美元汇率预期与银行代客结售汇意愿变化

注：非银行部门结汇意愿 = 银行代客结汇 / 银行代客涉外收入

非银行部门售汇意愿 = 银行代客售汇 / 银行代客涉外支付

（资料来源：根据 CEIC、路透数据计算。）

　　结合图 2-5 和图 2-6 可以看出，2011 年初至 2012 年第三季度，我国经济增速持续回落，人民币对美元升值预期随之回落，2012 年上半年出现人民币贬值预期，在此期间，非银行部门的结汇意愿从 80% 的高点逐渐回落至 2012 年第三季度的不足 60%，而非银行部门的购汇意愿从 55% 左右的低点逐渐升至 60% 以上，最高点接近 70%。2012 年第四季度至 2013 年末，我国经济增速回升，人民币对美元贬值预期持续减弱，直至恢复升值预期，在此期间，非银行部门结汇意愿逐渐升至 65% 左右，而非银行部门的购汇意愿经历了先升后降的过程。2014 年以来，我国经济增速显现下降势头，加之同期美国经济复苏有所加快，人民币对美元重现贬值预期，且贬值预期有所增强，在此期间，非银行部门结汇意愿由 65% 左右降至 50% 左右，购汇意愿由 45% 左右不断升至 60% 左右。

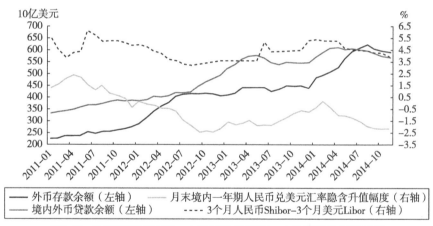

图2-7　外币存贷款余额、人民币升值预期、本外币利差变化走势
（资料来源：CEIC、路透数据库。）

　　从图 2-7 可以看出，2012 年上半年，人民币对美元出现贬值预期，本外币利差不断收窄，这一时期外币存款快速增加，而贷款增长缓慢。2012 年第三季度至 2013 年 4 月，人民币对美元贬值预期持续减弱，本外币利差有所扩大，这一时期外币贷款快速增加，而外币存款波动中小幅增长，带来了较大的外汇资金净结汇压力。为缓解企业负债外币化和外汇市场的净结汇压力，国家外汇管理局于 2013 年 5 月起加强了对银行结售汇综合头寸的管理，使银行结售汇综合头寸余额与其外汇贷存比挂钩，有效抑制了外币贷款的快速增长势头，

2013 年 5 月外币贷款迅速下降。2014 年，人民币对美元贬值预期不断增强，本外币利差也不断下降，这一时期外币存款迅猛增加，而外币贷款不断回落。

境内市场主体除了根据本外币利差和人民币升值走势在境内进行资产本外币间的摆布以获取财务收益外，还充分利用增加对外负债以获取境内外利差收益，其通过增加对外负债减少当期购汇需求，相应增加了境内外汇市场的净结汇压力，增大当期的人民币升值压力。从图 2-8 可以看出，2011 年第三季度至 2012 年第三季度，香港银行业对中国内地的债权余额随着人民币升值预期回落和本外币利差不断收窄而呈现稳中有降的走势。2012 年第四季度至 2014 年第一季度，香港银行业对中国内地的债权余额随着人民币贬值预期减弱和本外币利差扩大而较快增加。2014 年第二季度至第三季度，人民币贬值预期有所扩大，本外币利差趋于收窄，香港银行业对中国内地的债权余额停止较快增长势头，呈平稳走势。

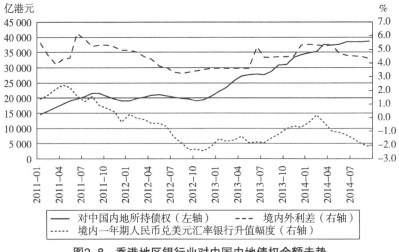

图2-8　香港地区银行业对中国内地债权余额走势

（资料来源：香港金融管理局、路透数据库。）

二是境内外人民币汇率差异波动导致市场主体跨境人民币收支方向和差额的变化，进而对外汇市场产生增大净结汇或净购汇的影响，最终使人民币汇率波动具有顺周期性。造成离岸市场和在岸市场人民币兑美元汇率差异出现波动的主要原因在于人民币升值预期的变化，当人民币升值预期增强时，离岸市场人民币投机需求上升，从而会推高离岸市场人民币兑美元现汇汇率，使离岸市场人民币兑美元汇率（CNH）相对境内人民币兑美元汇率（CNY）出现溢价，即境内外汇差（CNY-CNH）为正且不断拉大；反之，当人民币贬值预期增强时，离岸市场人民币投机需求回落，前期人民币多头也会平仓抛售人民币，从而会拉低离岸市场人民币兑美元现汇汇率，使离岸市场人民币兑美元汇率（CNH）相对境内人民币兑美元汇率（CNY）出现折价，即境内外汇差（CNY-CNH）为负且不断拉大。

　　跨境人民币净支付与境外离岸市场人民币汇率溢价具有较强的正相关关系。在人民币汇率存在升值预期时，离岸市场人民币汇率往往存在溢价（以人民币兑美元汇率为例，即美元相对境内更便宜），此时具有离岸市场结算平台的境内企业选择跨境人民币结算先支付人民币到境外，再在境外购汇进行最终支付，使得人民币净支付（收入小于支出）扩大，相应替代了净售汇，增大了境内银行间外汇市场的净结汇及相应的人民币升值压力；反之，在人民币汇率存在贬值预期时，离岸市场人民币汇率往往存在折价（以人民币兑美元汇率为例，即美元相对境内更贵），此时具有离岸市场结算平台的境内企业选择跨境人民币结算先收入人民币到境内，再在境内购汇进行最终支付，使得人民币净支付（收入小于支出）缩减，相应增加了境内银行间外汇市场的购汇及相应的人民币贬值压力。

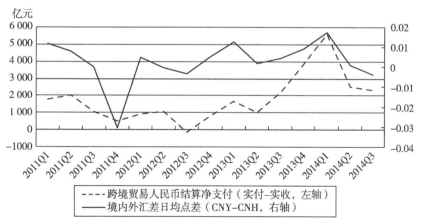

图2-9　跨境贸易人民币结算净支付与境内外人民币汇差走势
（资料来源：路透数据库、各季度《中国货币政策执行报告》整理计算。）

从图 2-9 可以看出，跨境人民币净支付与境内外人民币汇差存在高度的正相关关系，当境内外人民币正向汇差拉大，即香港市场人民币更值钱时，更多的企业选择跨境人民币支付到香港市场购汇进行最终的支付，导致跨境人民币净支付规模扩大；当境内外人民币正向汇差收窄甚至出现负向汇差，即境内市场人民币更值钱时，更多的企业选择境内购汇对外支付，导致跨境人民币净支付规模回落，跨境人民币收支趋于均衡。跨境人民币净支付变化对境内外汇市场的结售汇产生较大影响，进而对境内人民币汇率产生较大影响，使人民币汇率波动具有明显的顺周期性。

实务中，有些企业在境内外人民币兑美元正向汇差达到 20 个基点（图 2-9 中右轴的 0.01 代表 100 个基点）时，就会采用支付人民币到境外购汇和调回境外外汇到境内结汇的方式获取汇差收益，导致跨境人民币净支付扩大，增大境内外汇市场净结汇压力和人民币升值压力；反之，在境内外人民币兑美元汇率出现负向汇差时，采用从境外收入人民币和境内购汇支付至境外的方式获取汇差收益，增大境内售汇压力和人民币贬值压力。

第三节　跨境人民币净支付对境内市场外汇供求影响的实证分析

境内人民币对外汇的即期汇率是由境内银行间外汇市场的即期结售汇（含远期履约，下同）交易决定的，因此，跨境人民币净支付对人民币即期结售汇交易的影响可以反映其对人民币即期汇率的影响。银行间外汇市场的即期结售汇交易需求来自三个方面：银行代客结售汇的平盘需求、银行自身结售汇的平盘需求、银行结售汇综合头寸调整的交易需求，具体如图 2-10 所示。

银行代客结售汇指外汇指定银行为客户办理的结售汇交易，即非银行部门为满足经常项目和资本与金融项目需要而进行的结售汇交易。银行自身结售汇指外汇指定银行为满足自身经常项目和资本与金融项目需要而进行的结售汇交易。银行结售汇综合头寸是指外汇指定银行持有的因人民币与外币间交易形成的外汇头寸，其形成主要来源于三个方面：银行办理符合外汇管理规定的对客户结售汇业务、自身结售汇业务和参与银行间外汇市场交易。银行调整自身结售汇综合头寸产生的结售汇是指外汇指定银行根据客户和自身的结售汇需求、汇率走势、政策要求等减少或增加自身结售汇综合头寸余额而进行的结售汇交易。上述三类结售汇的即期交易形成银行间外汇市场的即期结售汇交易，决定着人民币即期汇率的高低及走势变化。

图2-10　银行间外汇市场即期结售汇交易构成

一、人民币净支付对外汇供求的替代效应

跨境人民币结算对外汇供求的影响，主要是指其替代了原来以外汇进行的跨境收支，进而相应增加或减少了外汇市场即期结售汇的交易量，相应增大了净结汇压力或净售汇压力。跨境人民币结算对外汇供求的替代效应可从交易总量和交易差额两个方面进行分析。

首先，跨境人民币结算规模与银行间即期结售汇交易量之比较高，且呈逐年提升走势。根据 CEIC 数据计算，2013 年和 2014 年 1~10 月银行间外汇市场人民币即期交易成交量分别为 40 746 亿美元和 33 637 亿美元，2013 年和 2014 年 1~10 月跨境人民币结算（分别根据 2013 年末和 2014 年 10 月末人民币兑美元中间价折算）分别为 8 469 亿美元和 10 043 亿美元，2013 年和 2014 年 1~10 月跨境人民结算规模与银行间外汇市场人民币即期交易成交量之比分别为 20.8% 和 29.9%。

其次，跨境人民币结算净支付对银行结售汇顺差的贡献率较高。由于公开渠道无法获取银行间外汇市场人民币即期交易差额数据，根据前文对银行间外汇市场即期交易的构成分析，可知银行代客结售汇和银行自身结售汇的平盘交易为银行间外汇市场人民币即期交易的主体（2013年和2014年1~10月银行结售汇总量分别占银行间外汇市场人民币即期交易量的86%和89%），因此用国家外汇管理局公布的银行结售汇差额数据代替银行间外汇市场人民币即期交易差额数据。

表2-1　2012—2014年跨境人民币收付差额对银行结售汇差额的影响

单位：亿元

时间	跨境贸易人民币结算实收实付差额	跨境直接投资人民币结算差额	跨境人民币结算收付总差额	跨境人民币收付总差额折美元（按季末中间价，单位：亿美元）	银行结售汇差额（单位：亿美元）	跨境人民币收付差额对结售汇差额的贡献率
	①	②	③＝①＋②	④	⑤	⑥＝④×（−1）/⑤
2012年第一季度	−917	441	−476	−75	251	30%
2012年第二季度	−1 103	290	−813	−129	−122	*
2012年第三季度	122	593	715	113	22	−
2012年第四季度	−821	894	73	12	713	−
2013年第一季度	−1 705	695	−1 010	−161	1 015	16%
2013年第二季度	−1 043	700	−343	−55	368	15%
2013年第三季度	−2 161	885	−1 276	−208	283	73%
2013年第四季度	−3 851	1 344	−2 506	−411	1 036	40%
2014年第一季度	−5 584	1 375	−4 209	−684	1 593	43%
2014年第二季度	−2 516	1 595	−921	−150	291	51%
2014年第三季度	−2 314	1 565	−749	−122	−160	*

注：*、−表示人民币收付差额和结售汇差额同向，无法计算贡献率。

资料来源：CEIC、国家外汇管理局。

跨境人民币净支付对银行结售汇顺差的影响路径是：跨境人民币净支付→替代净售汇→相应增加外汇市场净结汇→银行结售汇顺差扩大。由表2-1可以看出，跨境人民币净支付对银行结售汇顺差的贡献率在 2013 年第三季度时达到 73% 的最高点，显现出对境内银行间外汇市场人民币即期交易差额的显著影响。2012 年第二季度和 2014 年第三季度，人民币汇率走低，市场主体结汇意愿下降而售汇意愿上升，银行结售汇出现逆差，同期跨境人民币净支付替代净售汇，相应减小了外汇市场的净售汇压力。2012 年第三季度和第四季度，跨境人民币收付净收入替代净结汇，相应减小了外汇市场的结售汇顺差。

二、跨境人民币结算的交易需求和套利需求分解

从跨境人民币结算的动机看，一类是由于正常的经常项目和资本与金融项目交易而产生的交易需求，另一类是为获取境内外汇差的套利需求。相应地，跨境人民币结算对外汇供求的替代总效应可分为交易需求的替代效应、套利需求的替代效应。

根据上面对跨境人民币结算影响因素的分析，可建立多元线性回归模型：

$$RMB = C + \beta_1 EX + \beta_2 RATE + u \qquad (2-1)$$

其中，被解释变量 RMB 表示跨境人民币收付差额（收入 – 支付）；解释变量 EX 表示境内外人民币兑美元汇差的基点数（CNY–CNH），根据境内外汇差乘以 10 000 后得到；解释变量 RATE 表示本外币利差的百分点数（3 个月 Shibor–3 个月 Libor），根据本外币利差乘以 100 得到。境内外汇差因素可视为套利需求因素，因为境内市场主体可根据境内外汇差选择收付人民币还是收付外汇，以获取汇差收益。本外币利差因素与常数项可视为交易需求因素，因为本外币正向利差和人民币升值一样，都是目前境外客户采用人民币结算的重要考虑因素，是人民币国际化的正常推动因素。

利用 Eviews5.0 对（2–1）式进行回归分析，结果如下：

$$\widehat{RMB} = 711.01 - 1.79EX - 188.09RATE \qquad (2-2)$$

t 值：（3.27）（–3.47）（–3.58）　　$R^2 = 0.84$　　$DW = 1.99$

从回归结果看，常数项、境内外汇差和本外币利差的系数均通过 5% 显著水平的显著性检验，模型决定系数 R^2 较高，说明模型拟合优度较高，解释变量的变动能够较好地解释被解释变量的变动。此外，两个解释变量境内外汇差

EX 和本外币利差 RATE 的相关系数较低,扰动项自相关的德宾—沃森检验 (*DW*)值约等于 2,说明解释变量间不存在多重共线性,扰动项也不存在自相关,上述估计的结果较为可靠。

根据(2-2)式,以及 2012 年第一季度至 2014 年第三季度的境内外人民币兑美元汇差基点数,可以计算出因境内外汇差而产生的跨境人民币收付差额,该差额视为套利需求差额,再将全部跨境人民币收付差额减去套利需求差额,可得到交易需求差额,具体结果如表 2-2 所示。

表2-2　跨境人民币收付差额对银行结售汇差额影响分解

单位:亿美元

时间	跨境人民币收付的交易需求差额	跨境人民币收付的套利需求差额	银行结售汇差额	交易需求差额对银行结售汇差额的贡献率	套利需求对银行结售汇差额的贡献率
	①	②	③	④ = ① × (-1) / ③	④ = ② × (-1) / ③
2012 年第一季度	9	-84	251	-	34%
2012 年第二季度	-131	2	-122	*	1%
2012 年第三季度	52	61	22	-	-
2012 年第四季度	110	-98	713	-	14%
2013 年第一季度	68	-229	1 015	-	23%
2013 年第二季度	-21	-34	368	6%	9%
2013 年第三季度	-127	-81	283	45%	28%
2013 年第四季度	-250	-161	1 036	24%	16%
2014 年第一季度	-375	-310	1 593	24%	19%
2014 年第二季度	-134	-16	291	46%	6%
2014 年第三季度	-184	63	-160	*	39%

注:*、- 表示人民币收付差额和结售汇差额同向,无法计算贡献率。

由表 2-2 可以看出,除了 2012 年第三季度外,其他各季度跨境人民币结算的套利需求差额均对银行结售汇产升了扩大当期差额的影响,该影响在 2014 年第三季度达到最高,占当季银行结售汇差额的近四成,说明利用境内外汇差套利的跨境人民币结算对银行结售汇差额，进而对人民币兑美元即期汇率产生显著影响。

从交易需求看，2013年第二季度至2014年第二季度，人民币汇率走强和本外币维持较大正向利差使境外的人民币需求增加，跨境人民币结算的交易需求净支付增加，相应扩大了当季银行结售汇顺差，即对当季银行结售汇顺差的贡献率为正。2012年第二季度和2014年第三季度，人民币汇率走低，市场主体结汇意愿下降而售汇意愿上升，银行结售汇出现逆差，同期跨境人民币结算的交易需求差额为净支付，替代了净售汇，相应减小了外汇市场的净售汇压力。2012年第一季度、第三季度、第四季度和2013年第一季度，跨境人民币结算的交易需求差额为净收入，替代了净结汇，相应减小了外汇市场的结售汇顺差。

总体来看，人民币净支付中以交易需求为主，但人民币汇率变化导致外汇供求出现较大变化的时期，如2012年第四季度的外汇供求由基本平衡转为大额顺差和2014年第三季度外汇供求由顺差转为逆差时，人民币净支付中的套利交易对外汇供求变化产生了明显影响。

第四节　主要国际货币国际化期间汇率变化特点及启示

从国际经验来看，世界主要国际货币发行国在其货币国际化进程中都经历了货币升值过程，货币升值既是该国劳动生产率相对提高使经济快速增长的结果，也是该国货币国际化的必要条件。通过研究、比较世界主要国际货币国际化进程中该国货币汇率变化、管理以及资本流动的特点，可以发现一国货币国际化时期汇率变化的一般特点，为人民币国际化时期的汇率决定和管理提供借鉴。

根据人民币国际化进程起因于国家经济崛起并伴随着货币走强过程的特点，本书选取德国马克、日元两种类似的国际货币进行分析、比较。根据社会主流预期，中国的经济总量将来将超过美国位居世界第一，人民币可能也会在未来取代美元地位，成为世界主要的国际货币，本书也选取了美元进行分析、比较，以求对人民币国际化进程中汇率管理提供全面借鉴。

一、美元汇率的变化特点

1944—2014 年的 70 年，美元一直位居最主要的国际货币地位。1973 年布雷顿森林体系崩溃后，美元的国际货币地位虽有下降，但目前在世界外汇储备中仍占据三分之二以上的比重。作为第一大国际货币，其汇率变化除了具有德国马克、日元所具有的一些特点外，必然具有只有第一位国际货币独有的特点。本书将美元国际化时期界定为 1944—2014 年，这个时期根据汇率变化特点分为两个时间段：1944—1971 年、1971—2014 年。

1944—1971 年，根据布雷顿森林体系安排，美元为世界中心货币，各国货币兑美元汇率固定不变，美元汇率呈隐性变化，即美元短缺时表现为"美元荒"，美元过剩时表现为"美元灾"。

1971 年 8 月美国宣布美元与黄金脱钩后，各主要国家货币对美元开始进入浮动汇率时代，美元汇率开始根据经济增长、国际收支、利率等出现明显变化。1971—2014 年美元汇率变化的主要特点如下。

（一）经常项目逆差规模持续扩大决定了美元汇率的总体走弱

1971 年，美国经常项目首次出现逆差，逆差金额为 14 亿美元。1971—1981 年经常项目顺差和逆差交替出现。1981—2013 年，除 1991 年出现 29 亿美元的小额顺差外，其他年度均为逆差，且逆差规模总体呈扩大趋势，2006 年经常项目逆差达到 8 067 亿美元的历史最高点，2013 年回落至 4 003 亿美元。经常项目逆差持续扩大决定了美国作为世界最大净债务国的地位难以扭转，美元汇率长期趋势将总体走弱。1973 年美元汇率水平为 100，1971 年初美元指数为 120，1985 年美元最强时美元指数升至 159 的最高点，2008 年起源于美国的国际金融危机爆发前美元汇率指数走低至 72 的最低点（见图 2-11）。随着美国经济的逐步复苏，2014 年 12 月，美元指数回升至 89。1971—2014 年，美元累计贬值幅度达 25.9%，与德国马克和日元的总体升值走势截然相反。

图2-11　1971—2014年美元指数走势

（资料来源：CEIC。）

（二）美国货币政策变化和经济增长态势对美元汇率影响显著

美元作为世界第一国际货币，国际金融市场以美元标价的金融资产规模巨大，美联储货币政策或经济增长态势的变化将改变投资者的风险偏好，选择将美元资产转为其他货币资产，或将其他货币资产转为美元资产，这种资产转换对外汇市场产生巨大影响，美元汇率随之发生较大变化。

1979—1985年，为应对严重的通货膨胀，美联储连续加息，美国长期国债收益率较同期德国和日本的长期国债收益率高出3个百分点以上。受高利率因素影响，大量海外资金流入美国，美元指数节节攀升，由1979年中的87上涨至1985年初的159，升幅达83%。美元指数最高点较1973年初布雷顿森林体系崩溃时上涨59%。1979—1985年，美国经济年均增长2.8%，低于1972—1978年的年均增速3.7%，但该时期美元指数点位却远高于1972—1978年，说明美国货币政策变化引起的利差变化对美元汇率产生显著影响。

1996—2001年，美国经济呈现"高增长、低通胀"的"新经济"增长特点，经济增速平均达到5.6%，核心消费物价指数同比增速平均为2.4%，长期国债收益率平均为5.4%。同一时期，德国经济增速平均为2.3%，消费物价指数平均增速为1.4%，长期国债收益率平均为5.2%；日本经济增速平均为0.1%，核心消费物价指数同比增速平均为0.2%，长期国债收益率平均为1.6%。这一时期，美国经济相对主要发达国家增长更快，长期国债收益率也高于主要发达国家，吸引资金流入美国，这一时期美元指数不断走高，由 1995 年末的 85 上涨至 2001 年末的 116，累计升值幅度达 37%。

2014 年以来，美国经济复苏力度较强，为应对国际金融危机而实施的量化宽松货币政策逐步退出，而同期日本和欧元区经济持续低迷，美国经济增长态势明显好于其他主要发达经济体，资金从其他发达国家和新兴经济体流入美国，推动美元指数上涨。2014 年，美元指数累计上涨 11%。

（三）核心国际货币的避险资产属性对美元短期汇率产生明显影响

由于美元是世界上最主要的国际货币，美国有着世界最大的经济总量和金融资产市场，一旦国际金融市场风险上升，避险需求会推动国际资本流入美元资产市场，流入美国的资金增加会推动美元汇率上涨。2008 年 9 月，国际金融危机爆发后，美联储为维持市场流动性，实施三轮量化宽松货币政策，联邦基金利率从 2007 年初的 5.2% 左右迅速降至 2008 年 12 月的 0.1% 左右，根据资金的逐利属性，大量资金应流出美国，拉低美元指数，但是美联储降息后美元指数并未走低，而是呈阶段性震荡走高态势，其主要原因在于欧债危机的一波三折所引发的国际避险资金的流入。

2009 年底，希腊主权债务危机爆发，引发了希腊能否留在欧元区的质疑，欧元汇率随之大跌，全球投资者的避险偏好上升，资金流入美元资产，美元汇率上涨，美元指数从 2009 年底的 76 上涨至 2010 年中的 87，升幅达 15%。

2012 年，欧元区主权债务危机由希腊、葡萄牙、爱尔兰向意大利、西班牙等国蔓延，标准普尔公司下调了法国的主权信用评级，引发国际社会对欧债危机进一步恶化的担忧，全球投资者的避险偏好上升，资金流入美元资产，美元汇率上涨，美元指数从 2011 年的低点 74 上涨至 2012 年的高点 83，升幅达 12%。

二、德国马克汇率的变化特点

德国马克是 1948 年在德国货币改革过程中被创造出来。以 1980—1995 年国际货币的大多数标准衡量，如官方外汇储备中占比、国际金融投资占比、全球外汇市场交易占比、国际贸易计价比重等，德国马克是位居第二的国际货币。[①]

本书将德国马克国际化时期界定为1960—1998年，主要考虑两方面的因素。一方面，20世纪50年代末德国获得净债权国地位，贸易总额、经济总量在世界各国排名中开始居第二位，德国马克在贸易结算和投资计价等领域应开始国际化。另一方面，欧元在1999年开始启动，德国马克淡出。德国马克汇率变化及国际收支的主要特点如下。

（一）德国马克持续升值，主动、稳步是突出特点

1960年至1998年，德国马克对美元升值149%。德国马克对美元的升值是一个不间断的过程，在1960年至1973年的布雷顿森林体系的固定汇率时代，德国马克兑美元汇率主要经历了3次升值。1961年3月3日，联邦德国将德国马克对美元挂钩汇率提高了5%，即由原来的4.2马克兑换1美元，升至4马克兑换1美元。1969年10月24日，德国马克升值9.3%，由之前的4马克兑换1美元升为3.66马克兑换1美元。1971年12月，德国马克兑美元汇率进一步升至3.225马克兑换1美元，升幅为13.6%。前两次升值是由联邦德国根据本国持续的外汇流入使国内货币供应量猛增的情况下，为平衡经济内外冲突而做出的决定。第三次升值是根据1971年12月西方十国集团签署的《史密森协定》而进行的调整。

1973年3月，德国马克正式实施浮动汇率。由于联邦德国经常项目持续顺差，海外净债权由1970年的593亿德国马克，不断增至1990年的5 222亿德国马克，虽然两德统一导致的经常项目赤字等原因使其净债权在1995年降至2 454亿德国马克，但在世界上依然居第二位。加之联邦德国保持较高的经济增速，物价保持稳定（1950—1995年平均通货膨胀率在23个工业国家中最低），使得德国马克兑美元汇率除了1980—1985年走低外，其他时间基本保持升值

---

① 雅各布·A.弗兰克尔，莫里斯·格德施坦因.德国马克的国际角色，德国马克与经济增长［M］.北京：社会科学文献出版社，2012：207.

走势，1973—1995 年对美元累计升值 123%，1995—1998 年震荡下行，1998 年末汇率为 1.673 马克兑换 1 美元（见图 2-12）。

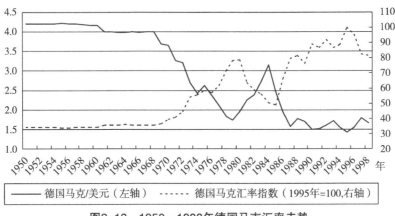

图2-12　1950—1998年德国马克汇率走势

（资料来源：CEIC。）

（二）经常项目持续顺差是支撑德国马克长期升值的主要因素

汇率取决于外汇供求，外汇供求取决于国际收支，国际收支中对本币汇率真正产生长期支撑的是经常项目顺差。1960—1995 年，德国国内生产总值一直保持较快增长，1996—1997 年经济出现短暂下滑。1960—1990 年，除 1979—1981 年石油危机导致经常项目（货物＋服务）逆差外，其他各年均保持经常项目顺差，支持德国马克兑美元汇率升至 1990 年末的 1.494 德国马克兑换 1 美元。1991—1998 年，受与民主德国统一等因素影响，德国经常项目持续逆差，但由于这个时期德国扭转了 20 世纪 80 年代利率低于美国的状况，长期国债收益率开始高于美国，证券投资和其他投资项目资金转为净流入，经常项目差额和金融项目差额合计基本保持顺差，加之德国位居世界第二的净债权国地位，德国马克汇率在这一时期维持小幅双向波动态势。

（三）利率差成为影响跨境资本流动以及短期汇率的主要因素

1960—1968 年，德国长期国债收益率高于美国。1969 年下半年，德国的长期国债收益率开始低于美国，受其影响，1969 年 10~12 月共有 180 亿马克的外汇重新流出联邦德国，远远超过之前 9 个月流入的结余。1969 年全年外汇收支出现超过 100 亿马克的逆差；即便是 1968 年和 1969 年两年之和，仍然有超过 30 亿马克的逆差。1970 年德国长期国债收益率重新高于美国，资本大量回流，1970 年初到 1971 年 5 月，联邦银行净流入外汇额约为 410 亿马克，而在这 17 个月中，德国经常项目盈余才 55 亿马克，流入外汇主要源于庞大的资本流入。[①]1970 年至 1973 年 3 月，德国长期国债收益率较美国长期国债收益率高出 2 个百分点以上，这一时期资本账户净流入 634 亿马克，远高于经常项目的净流入额 105 亿马克，成为影响外汇收支的主要因素。1970—1972 年德国马克对美元升值 15.2%。

1980—1985 年，德国长期国债收益率低于美国约 3.5 个百分点，这一时期德国的金融账户转为逆差，加之经济增速回落，德国马克对美元持续贬值。1985—1998 年，德国与美国的长期国债收益率差异逐渐缩小，德国的金融账户在 1991 年后转为顺差，推动德国马克转为升值。1985—1998 年，德国马克对美元升值 75.7%。

此外，自 1968 年起，德国的对外直接投资超过同期外国公司对联邦德国的新增投资。[②]直接投资转为资本净输出缓解了经常项目的流入压力，改善了对外资产结构，获得收益率较高的直接投资收益，使经常项目保持较好的增长态势，有助于稳定币值，增加德国马克在国际上的使用，推进货币国际化。

三、日元汇率的变化特点

20 世纪 60 年代，日本超越德国成为世界第二大经济体。1964 年 4 月，日本实现经常项目可兑换。1970 年以后，日本进出口贸易中，日元的结算比重大

---

① 奥特玛·埃明格尔.1971 年货币危机：德国马克成为美元的对手，德国马克与经济增长［M］.北京：社会科学文献出版社，2012：183.

② 奥特玛·埃明格尔.国际资本流动中的国际收支和货币政策问题，德国马克与经济增长［M］.北京：社会科学文献出版社，2012：76.

幅提升。以 1980—1995 年国际货币的大多数标准衡量，如官方外汇储备中占比、国际金融投资占比、全球外汇市场交易占比、国际贸易计价比重等，日元是位居第三的国际货币。①

本书将日元国际化时期界定为 1970—2014 年，主要考虑两方面的因素。一方面，1970 年后日本经济总量、货币可兑换性、贸易结算比重提升等使日元开始行使国际货币职能。另一方面，货币国际化没有终点，是个长期动态的过程，因此研究的截止时间为 2014 年。日元国际化期间汇率变化及国际收支的主要特点如下。

（一）日元总体大幅升值，但启动晚，反复较大

日本在 20 世纪 60 年代已经成为世界第二大经济体，伴随着经济的较快增长，日元利率也持续高于美元利率。1966 年末，日本长期国债收益率较美国 20 年期国债收益率高 3 个百分点。1970 年末，日本长期国债收益率较美国 20 年期国债收益率高 1.7 个百分点。日元利率高于美元利率，势必吸引国际资本流入美国，加之同期贸易顺差规模的不断扩大，日元势必面临升值压力。然而日元在这一时期一直维持 1 美元兑 360 日元的固定汇率，流入资金转为货币当局的官方储备资产，官方储备资产从 1966 年的 20 亿美元升至 1971 年的 152 亿美元。

1971 年 12 月，西方十国集团签署的《史密森协定》，日元兑美元汇率升至 320 日元兑换 1 美元，升幅为 12.5%，低于 1948—1971 年德国马克对美元的累计升幅 30.2%。1972 年以后，日元汇率转向浮动。1973 年 3 月布雷顿森林体系崩溃时，日元兑美元汇率为 262 日元兑换 1 美元，但 1974 年 8 月至 1976 年 3 月，又经常回贬至 300 日元兑换 1 美元。从 1976 年 4 月至 1978 年底，日元虽经历了第一个升值周期，从 1 美元兑 299 日元升到 196 日元，但到 1985 年"广场协议"签订前，日元兑美元汇率又回贬至 259 日元兑换 1 美元。

---

① 雅各布·A.弗兰克尔，莫里斯·格德施坦因.德国马克的国际角色，德国马克与经济增长［M］.北京：社会科学文献出版社，2012：207.

日元的升值推迟到 1985 年"广场协议"才真正进行。1985 年"广场协议"签订后，日元加速升值，1988 年日元汇率攀升至 125 日元兑换 1 美元，这一时期升值幅度达 1 倍以上。1989 年至 1990 年上半年，日元短暂盘整。1990 年到 1995 年，日元经历了第三次升值，从 159 日元兑换 1 美元升值至 83 日元兑换 1 美元，此次升幅达 92%。

1995 年至 2008 年 9 月国际金融危机爆发前，受资产泡沫破裂、人口老龄化、产业空心化等因素影响，日本经济持续低迷，1995—2008 年经济年平均增速仅为 1.1%，大大低于同期美国的年平均增速 2.9%，这一时期日元兑美元汇率总体贬值，汇率未曾升破 100 日元关口，2008 年 9 月汇率为 105 日元兑换 1 美元。

2008 年 9 月后，为维持金融体系流动性和刺激经济增长，美国先后实施三轮量化宽松货币政策，联邦基金利率降至 0~0.25% 的超低水平，大量资金外流购买其他国家资产，受此影响，日元汇率上升，最高升至 2012 年的 76 日元兑换 1 美元。为刺激经济增长，使通胀水平恢复至 2% 左右，日本开始实施大规模的量化宽松货币政策，日元汇率随之走低，2014 年 12 月日元汇率为 120 日元兑换 1 美元。

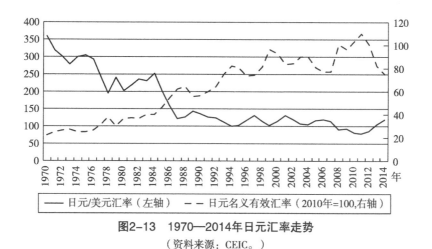

图2-13　1970—2014年日元汇率走势
（资料来源：CEIC。）

由图 2-13 可见，从 1970 年至 2014 年，日元对美元累计升值幅度达 2 倍，高于德国马克国际化时期的对美元 1.5 倍的升值幅度。从 1960—1998 年看，日元对美元累计升值 2.1 倍，也高于同期德国马克对美元 1.5 倍的升值幅度。可见，日元对美元升值幅度大于德国马克，但其升值表现出升值晚和波动大的特点，在 1985 年后不得不升值时又采取了低利率的宽松货币政策，刺激了资产泡沫的膨胀，不利于经济的稳定增长。

（二）持续的经常项目顺差是日元长期升值的基础

1965 年日本贸易收支出现顺差，同时成为资本输出国，投资收益随之增加，经常项目持续顺差。2011 年，日本核电站事故之后燃料进口增加，加之宽松货币政策导致日元贬值，进口成本增加，货物贸易从 2011 年起连续 3 年逆差，但由于日本是世界最大净债权国，投资收益规模大，依然可以覆盖货物贸易、服务贸易、经常转移三者的逆差，使经常项目保持顺差。经常项目持续顺差维持日本的世界最大净债权国地位，使日元在整个国际化时期保持了较大的升值幅度。

（三）核心国际货币发行国货币政策变化对日元汇率影响较大

布雷顿森林体系崩溃后，全球货币体系进入浮动汇率时代。由于美国的超级大国地位，以及布雷顿森林体系形成的先天优势，美元成为最主要的国际货币，其在贸易结算、投资计价、外汇储备中的占比远高于日元。由于二者分别位居货币国际化程度的第一位和第三位，美国的货币政策变化必然会对国际金融市场上日元交易产生较大影响，进而对日元汇率走势产生较大影响。纵观 1973 年之后日元汇率波动走势，也印证了美国货币政策变化对日元汇率的显著影响。

1979 年，美联储为治理严重的通货膨胀，开始提高官方利率。1980 年 12 月，联邦基金利率达到 22% 的最高点，而当月日本央行的政策利率仅为 7.25%，较美国低约 15 个百分点。从长期国债收益率看，1982 年 1 月，美国长期国债收益率达到 13.3% 的最高点，而同期日本长期国债收益率为 7.9%，较美国低约 5.4 个百分点。1979—1985 年，美联储联邦基金利率和长期国债收益率持续较大幅度高于日本，引起资金流入美国，推动美元升值，这段时期日元对美元累计贬值 22%。

2008 年 9 月国际金融危机爆发后，危机起源地美国多次实施量化宽松货币政策，美联储释放的流动性迅速流入其他国家，主要经济体货币纷纷升值。受此影响，日元兑美元汇率从 2008 年 9 月后迅速上行，由 2008 年 9 月的 105 日元兑换 1 美元迅速升至 2008 年 10 月的 97 日元兑换 1 美元，之后持续上行，最高升至 2012 年 1 月的 76 日元兑换 1 美元。

四、主要国际货币国际化时期汇率变化的启示

（一）总体升值是主要国际货币国际化时期的必然现象，国际货币发行国应主动、可控、渐进升值本国货币

回顾德国马克、日元的国际化进程，其汇率总体呈现大幅升值特征，其间会受到自身货币政策和美货币政策变化而出现波动，但总体维持对美元的升值走势。货币升值既是该国际货币发行国经济快速增长的必然结果，也是货币国际化的需要。日本、德国长期位居世界经济总量的第二位和第三位，经济增速在 20 世纪 60~80 年代保持较高水平，使日元和德国马克面临较大的升值压力。

面对货币升值压力，德国和日本采取不同的政策措施，给两国的经济增长和金融稳定带来了不同的影响。德国在外汇大量流入对经济内部均衡产生较大冲击时，由于对内宏观经济政策调整成本过高，选择了及时调整汇率政策，对德国马克适时进行了小幅升值，即使在布雷顿森林体系时期也分三次进行了渐进升值，其间经济增长、消费物价均保持较好走势，德国消费物价的稳定性是西方工业国中表现最好的，德国经济呈内外均衡发展态势。而日本在 20 世纪 60 年代已经成为世界第二大经济体，但其在 1971 年之前一直维持 360 日元兑换 1 美元的固定汇率，错过了升值的最佳时期。1971 年至 1978 年，日元虽出现较大幅度升值，但 1979 年至 1985 年又出现较大幅度的贬值走势，1985 年"广场协议"签订后又出现大幅升值，加之同期实施了宽松的货币政策，导致了资产泡沫的产生，1990 年资产泡沫破裂后经济至今持续低迷。由此可见，主要国际货币发行国在面对因经济增长而产生的货币升值压力时，应主动、可控、渐

进地对本国货币进行升值，以使汇率维持基本均衡水平，促进经济内外均衡发展。

（二）经常项目顺差是货币升值的重要支持因素

纵观美元、德国马克、日元国际化时期的汇率走势，可以发现该国经常项目是否能长期维持顺差决定了该国货币长期是升值走势还是贬值走势。日本和德国长期保持经常项目顺差，使日本成为世界第一大净债权国，德国成为世界第二大净债权国（目前德国是世界第三大净债权国）。经常项目顺差是一国货币汇率长期趋势最重要的支持因素，也是形成国际净债权的首要交易因素，日本和德国经常项目的长期走势，决定了日元和德国马克对美元的长期升值走势。

美国 1971 年出现经常项目逆差，1982 年后成为净债务国，目前是世界最大的净债务国，这一基本的国际收支特征决定美元必将长期贬值，但由于美国的超级大国地位和美元的核心国际货币地位，美元汇率会因国际金融市场动荡引起的全球投资者避险情绪上升，以及美国货币政策的收紧而出现短期上行，但这难以改变美元长期贬值走势。若美国能逐渐缩小经常项目逆差，逐渐减少净债务额，保持经济增长的相对优势，美元也会呈现升值走势。

（三）美国货币政策变化对其他主要国际货币汇率影响较大

作为最主要的国际货币发行国，美国货币政策的变化具有明显的溢出效应。从上文对德国马克和日元的汇率走势分析中发现，这两种货币汇率在美国货币政策出现较大变化时受到的影响较大。如 1979—1985 年，美国为治理严重的通货膨胀，不断提高联邦基金利率，这一时期美国的长期国债收益率高出德国、日本 3 个百分点以上，虽然这一时期美国经济增长并无明显提升，但较高的利差吸引了大量资本流入美国，德国马克和日元在这一时期都对美元出现了较大幅度的贬值。2008 年 9 月国际金融危机爆发后，美国为维持市场流动性和刺激经济增长，实施了三轮量化宽松货币政策，美联储释放的流动性流入其他发达国家和新兴市场国家，日元在这一时期对美元出现升值走势，2008 年 9 月至 2012 年 1 月日元对美元累计升值幅度达 38%。

（四）核心国际货币的资产具有避险资产属性，其汇率会因国际避险资金的流入而上升

观察美元的汇率走势可以发现，核心国际货币发行国即使在经常项目持续逆差、利率降至超低水平的情况下，仍然会出现资本流入和货币升值的现象。其原因在于，在国际金融市场动荡，投资者避险情绪上升时，核心货币的资产发挥了和黄金一样的避险资产的作用。由于美元是居于核心地位的国际货币，美元资产市场规模大，流动性好，美元资产具有避险资产属性，在2009年欧债危机发生后，欧元资产贬值，大量资本流入美元资产，推动美元汇率上行，美元指数随之走高。避险资产属性是核心国际货币的资产所独有的特点，其他货币的资产更多体现为套利资产的属性。

本章小结

本章分析了人民币国际化对人民币汇率的直接影响，以及主要国际货币在国际化时期的汇率变化特点，得出了一些结论。

第一节介绍了人民币国际化的含义，分析了人民币国际化的自发产生阶段和快速发展阶段的业务量变化。2009年7月跨境人民币结算试点以来，尤其是2010年6月跨境人民币结算试点扩大以来，人民币国际化发展迅速。表现为：人民币跨境使用的政策框架基本确立，人民币的结算、投资、金融市场交易、储备等国际货币职能快速发展，离岸市场规模显著扩大，以跨境人民币指数和人民币国际化指数衡量的人民币国际化程度快速提升。

第二节总结和分析了人民币国际化以来汇率变化的五个特点：人民币持续升值，且汇率波动程度加大；人民币净支付替代净售汇，增加了汇率的波动性；资本和金融项目对外汇供求差额的影响日益显著；境外离岸市场对境内人民币汇率产生明显影响；人民币汇率波动更具顺周期性。其中，人民币净支付替代净售汇、境外离岸市场对境内人民币汇率产生影响两个特点来自人民币国际化的直接影响。

第三节针对跨境人民币净支付对境内市场外汇供求的影响进行了逻辑和实

证分析。首先，从市场逻辑上得出人民币净支付替代结售汇的结论。其次，定量分析了跨境人民币净支付对银行结售汇的影响程度，其中 2013 年第三季度跨境人民币净支付对银行结售汇差额的贡献率达到 73%，主导了该季度外汇供求和汇率的变化。最后，针对跨境人民币净支付中的交易需求和套利需求进行了实证分析，明晰了跨境人民币净支付的运行机理。总体来看，跨境人民币净支付中以交易需求为主，但人民币汇率变化较大时期的外汇供求受到了套利需求的明显影响。

第四节在分析美元、德国马克、日元国际化期间汇率变化的特点后，得出一些规律性的启示。这些启示主要有：总体升值是主要国际货币国际化时期的必然现象，国际货币发行国应主动、可控、渐进升值本国货币；经常项目顺差是货币升值的重要支持因素；美国货币政策变化对其他主要国际货币汇率影响较大；核心国际货币的资产具有避险资产属性，其汇率会因国际避险资金的流入而上升。这些启示主要为后文的汇率决定和管理分析提供借鉴。

下一章将在本章分析的基础上，对决定人民币汇率的外汇供求进行深入分析，并提炼出影响外汇供求和人民币汇率的经济因素。

第三章　人民币国际化进程中名义汇率的决定因素分析

本章首先介绍了汇率决定的相关理论，接着根据人民币汇率由国际收支基础上的外汇供求决定这一理论依据，厘清人民币名义汇率决定的市场框架，最后对决定人民币汇率的外汇供求的各个渠道进行了深入分析，得出相应结论，提炼出影响人民币汇率的经济因素。本章的作用在于挖掘出影响人民币名义汇率的经济因素，为第四章计量分析的变量选择和结果解释奠定基础。

第一节　汇率决定理论及评述

一、购买力平价理论

购买力平价的基本思想是货币的价值在于其购买力，两种货币的购买力之比决定两国货币的汇率。购买力平价说的基础是可贸易品符合"一价定律"。在开放经济条件下，如果没有交易成本，一价定律体现为用同一种货币衡量的不同国家的同质可贸易品价格应该相同，即 $P_d^i = eP_f^i$。公式中，e 是直接标价法的汇率，P_d^i 是本国可贸易品 i 的价格，p_f^i 是外国可贸易品 i 的价格。购买力平价分为绝对购买力平价和相对购买力平价。

绝对购买力平价。如果一价定律成立，且各贸易在两国物价指数中的权重都保持一致，则两国由可贸易品构成的物价水平之间存在着下列关系

$$\sum_{i=1}^{n} \alpha^i P_d^i = e \sum_{i=1}^{n} \alpha^i P_f^i \qquad (3-1)$$

式（3-1）中，e 是直接标价法的汇率，P_d^i 和 P_f^i 是第 i 种可贸易品的本国和外国价格水平，α^i 表示第 i 种可贸易品在物价指数中的权重。如果将两国一般物价水平直接用 P_d 和 P_f 表示，式（3-1）可以写成

$$p_d = eP_f \tag{3-2}$$

该式含义是不同国家的物价水平在换算成同一货币计量时是一样的。将式（3-2）变形可以得到

$$e = P_d / P_f \tag{3-3}$$

式（3-3）是绝对购买力平价的一般形式，表示汇率取决于以不同货币衡量的两国一般物价水平之比，也就是不同货币之间的购买力之比。

相对购买力平价。由于国际贸易存在交易成本，一价定律很难成立，且各个国家物价水平的计算中不同商品的权重也并不相同，所以绝对购买力平价在现实中很难成立。相对购买力平价把汇率的变动幅度和物价的变动幅度联系起来，公式为

$$e_t = e_0 \cdot PI_{d,t} / PI_{f,t} \tag{3-4}$$

式中，$PI_{d,t}$ 是本国 t 期的价格指数，$PI_{f,t}$ 是外国 t 期的价格指数，e_0 和 e_t 分别是基期和计算期的汇率。

相对购买力平价的含义是：汇率水平不一定能反映两国物价绝对水平的对比，但是可以反映两国物价的相对变动。

购买力平价理论从货币具有购买力这一基本功能出发来分析货币的交换问题，表达形式简单，是所有汇率理论中最有影响的，但是，购买力平价一般并不能得到经验数据的有力支持。其主要原因，一是物价指数选择的不同、商品分类的主观性、基期汇率 e_0 的非均衡性等使购买力平价的实证检验存在技术上的困难。二是购买力平价以物价水平可以灵活调整为前提，而现实中价格存在黏性，汇率会偏离购买力平价。三是购买力平价假设只存在货物贸易和服务贸易，但现实中资本和金融账户交易规模越来越大，购买力平价难以解释现实汇率波动。

二、利率平价理论

利率平价理论认为利率差异以及由此引起的套期保值交易，对短期汇率具

有影响作用。利率平价分为套补的利率平价与非套补的利率平价。

套补的利率平价。假定资金在本国金融市场和外国金融市场间可以自由流动，且在国际间的流动不存在任何限制与交易成本，设本国利率为 i_d，外国利率为 i_f，基期汇率为 e（直接标价法），外币即期汇率与远期汇率之间的升（贴）水率为 ρ。若外国利率高，资金将投资于外国金融市场，为规避汇率风险，投资者将购买投资到期后的远期汇率合约（即套补），在这种情况下，可得到

$$\rho=i_d-i_f \qquad\qquad (3-5)$$

式（3-5）即为套补利率平价的一般形式。其经济含义是：外币汇率的远期升（贴）水率等于两国利率之差。如果当期本国利率比外国利率高，则外币远期汇率将升水，本币在远期将贬值；反之，如果当期本国利率比外国利率低，则外币远期汇率将贴水，本币在远期将升值。

非套补的利率平价。投资者根据自己对未来汇率变动的预期来计算预期的收益，不进行远期交易，在承担一定汇率风险的情况下进行投资活动，设投资者对远期汇率的预期为 Ee^f，则投资者对投资国外所收回本币资金的预期就是 $\frac{1+i_f}{e}Ee^f$，投资本国的预期收入为 $1+i_d$，投资者会选择在预期收入高的市场进行投资，在市场处于平衡时，可得到

$$E\rho = i_d - i_f \qquad\qquad (3-6)$$

式（3-6）为非套补利率平价的一般形式，其中 $E\rho$ 表示预期的汇率变动率。其含义是：预期的汇率变动率等于两国货币利率之差。

利率平价理论从资金流动的角度指出了汇率与利率之间的关系，说明了利率对汇率变动的影响。从汇率管理角度看，为中央银行对外汇市场进行调节提供了有效的途径。汇率并不是简单由货币之间的利率差异决定的，国际收支状况和汇率预期等都会对汇率决定产生显著影响，利率平价只是反映了汇率和利率之间存在的影响关系，并不能算作一个独立的汇率决定理论，它常常作为一种基本的关系而被运用在其他汇率决定理论的分析中。

三、国际收支说

国际收支说就是从国际收支的角度分析汇率决定的一种理论，认为国际收

支状况决定外汇市场供求，外汇供求决定汇率。国际收支包括贸易（包括商品和服务）账户、资本和金融账户，贸易进口由本国国民收入 Y 和两国相对价格之比 $eP*/P$ 决定（e 是直接标价法下的汇率），出口由外国国民收入 Y^* 和两国相对价格之比决定，资本和金融账户收支由本国利率 i、外国利率 $i*$、未来汇率水平的预期 Ee^f 决定，除汇率外其他变量均视为给定的外生变量，则

$$e = f(Y, Y^*, P, P^*, i, i^*, Ee^f) \qquad (3-7)$$

各变量的变动对汇率的影响：本国国民收入增加、本国价格水平上升、外国利率提高、预期本币贬值将通过贸易账户恶化或促使资本流出等使本币即期贬值，外国国民收入增加、外国价格水平上升、本国利率提高、预期本币升值将通过贸易账户改善或吸引资本流入等使本币即期升值。

国际收支说从外汇供求流量角度对汇率决定进行了分析，指出了国际收支产生的外汇供求决定汇率，有助于较全面地分析短期内汇率的变动和决定。但汇率决定并不是完全由国际收支状况决定的，如市场主体境内外汇资产负债的调整以及市场主体心理预期的变化等也会对外汇供求产生影响，进而对汇率决定产生影响。此外，现实中的一些经济现象也并不符合国际收支说，如一些国家的利率上升在很多情况下并不能持续吸引资本流入，所以也不会对汇率产生影响。

四、汇兑心理说

汇兑心理说认为，人们之所以需要外币，是为了满足其支付、投资、投机等欲望，这种主观欲望是使外国货币具有价值的基础。人们根据自己的主观欲望来判断外币价值的高低，外汇供应增加，单位外币的边际效用递减，外汇汇率就下降，反之，外汇供应减少，外汇汇率就上升。汇兑心理说后来演变为心理预期说，即外汇市场上人们的心理预期，对汇率的决定产生重大影响。

汇兑心理说和心理预期分析了市场主体心理预期对汇率决定的影响，很大程度上符合外汇形势逆转时市场主体心理预期转变使汇率走势转变的现实。它在分析外汇投机、资本外逃、外汇储备下降、外债超出合理水平等对未来汇率

的影响时，有较强的解释作用。但这种心理或预期仅对短期汇率产生影响，而不是汇率（尤其是长期汇率）的决定基础。

五、资产市场说

资产市场说是 20 世纪 70 年代以来随着国际资金流动的发展而产生的。资产市场说将汇率看成一种资产价格，这一价格是在资产市场上确定的。资产市场说从存量角度分析汇率的决定，资产在市场上的供求反映的是对这一资产持有存量进行调整的需要。在资产市场说的分析中，汇率预期发挥了十分重要的作用。依据本币资产和外币资产可替代性的不同假定，资产市场说分为货币分析法、资产组合分析法。

资产市场说的一个突出特点就是采用一般均衡分析方法，它将商品市场、货币市场、外汇市场结合起来进行汇率决定的分析，也在一定程度上符合资金在本外币存款、债券之间转换的客观现实。其不足是忽略了对国际收支流量的分析。

第二节　人民币名义汇率决定的理论依据和市场框架

一、人民币名义汇率决定的理论依据

从根本上讲，人民币的对外价值是由我国劳动生产率决定的，劳动生产率相对快速增长，使单位人民币代表的价值相对增加，人民币的币值就应上升，但劳动生产率对人民币汇率的影响是缓慢而长期的，在开放经济条件下的表现就是经常项目的持续顺差，反映在汇率上就是人民币的长期升值。

本部分论证的是人民币名义汇率的影响因素，即我国银行间外汇市场上人民币汇率由哪些因素决定？不涉及汇率是高估还是低估，汇率是高估还是低估将在后文汇率失衡部分论证。也不直接涉及汇率的长期决定，这主要是因为本书主要研究即期名义汇率的决定和管理，而汇率的长期走势由劳动生产率、人口结构、国际净资产等因素变化决定，不是由货币当局根据外汇市场变化而能够管理的，所以不属于本书的研究内容。

人民币名义汇率变化主要取决于以国际收支为基础的外汇供求状况。[①] 综合前文列示的主要汇率决定理论和我国外汇市场供求状况，本章以下部分将以汇率决定的国际收支理论为基础，结合市场主体外汇资产负债调整、境内外利差引起资本跨境流动、跨境人民币结算替代结售汇、央行干预等对银行间即期外汇市场供求产生影响的实际情况，全面分析人民币名义汇率的影响因素。

二、人民币名义汇率决定的市场框架

2014年，人民币汇率基本处于均衡水平，突出表现为经常项目顺差与GDP（国内生产总值）之比已降至2%左右，处于国际公认的4%以内的合理区间，且在市场力量作用下基本形成双向波动的态势。一方面，我国为世界第二大净债权国，净债权达1.8万亿美元，且经常项目在未来一段时期仍将保持顺差，经济仍将保持相对较快增长，人民币不存在大幅贬值的基础。另一方面，随着人口老龄化的到来和劳动力成本的上升，以及资源和环境约束的增强，经常项目顺差规模难以扩大，此外，随着我国成为直接投资的资本净输出国，资本输出增加在短期会增加外汇需求，人民币也难以大幅升值。在这个大背景下，银行间外汇市场上人民币名义汇率主要由影响外汇供求的短期因素决定。

国际收支是影响外汇供求的基础。其中，经常项目差额和直接投资差额主要受实体经济因素影响，证券投资和其他投资受境内外利差因素影响较大。此外，境内外汇存贷款变化情况对结售汇产生明显影响，跨境人民币结算对结售汇产生了明显的替代，对人民币汇率预期的变化影响着市场主体的结汇意愿和购汇意愿，乃至远期结售汇在即期市场平盘的意愿，这些因素都对银行间外汇

---

① 中国人民银行新闻发言人就扩大人民币汇率浮动幅度答记者问［EB/OL］.（2014–03–15）. http：// www. pbc. gov.cn/goutongjiaoliu/113456/113469/2805734/index. html.

市场的即期结售汇交易，进而对人民币即期汇率产生影响，也在一定程度上决定人民币即期汇率。人民币名义汇率决定的市场框架如图 3-1 所示。

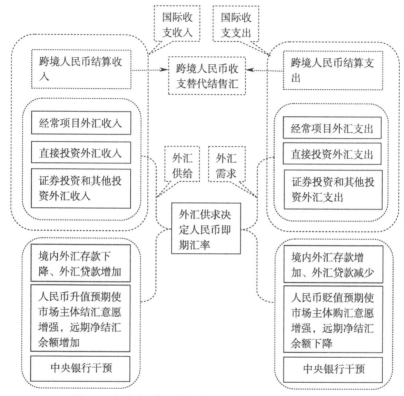

图3-1　银行间外汇市场人民币即期汇率形成示意图

　　国际收支的交易性项目分为经常项目、资本和金融项目，资本和金融项目可细分为资本账户、直接投资、证券投资和其他投资，由于资本账户收支规模很小，如 2013 年资本账户收支合计仅 6 亿美元，顺差 1 亿美元，对人民币汇率的影响很小，可以忽略不计，所以图 3-1 中国际收支的分析项目未包含资本账户。图 3-1 基本刻画了目前我国银行间即期外汇市场上外汇供求和人民币即期汇率的主要决定因素。下文将具体分析各个决定因素的影响及其背后的经济或市场因素。

第三节　国际收支的影响分析

一、经常项目收支的影响分析

（一）经常项目的构成和决定因素

从国际收支平衡表经常项目的构成看，经常项目包括货物、服务、收益、经常转移4个二级项目。

货物包括一般商品、用于加工的货物、货物修理、各种运输工具在港口购买的货物和非货币黄金。由于我国在制造业上具有的劳动力等要素方面的低成本优势，我国的货物贸易收支持续保持较大规模的顺差。2009年至2013年，货物贸易收支年度顺差规模平均为2 031亿美元。由于我国在制造业上的低成本优势还将保持一段时间，加之我国经济转型升级后，高端机电设备、高铁设备、对外承包工程货物出口会保持较好的增长态势，推动我国货物贸易收支保持一定的顺差规模。

服务包括运输、旅游、通信、建筑、保险、金融、计算机和信息服务、专有权利使用费和特许费、咨询、广告宣传、电影音像、其他商业服务、别处未提及的政府服务等三级项目。由于发达国家在服务业上具有的优势，我国服务贸易收支从1995年以来持续逆差，且逆差规模持续扩大，2013年逆差规模达1 245亿美元。较1995年的逆差61亿美元增长了19.4倍。从2013年各三级项目收支差额数据看，逆差规模居前三位的为旅游、运输、专有权利使用费和特许费，三者合计逆差规模达1 537亿美元；顺差规模居前三位的为咨询、其他商业服务、计算机和信息服务，三者合计顺差规模为398亿美元。

收益包括职工报酬、投资收益两个三级项目。职工报酬即居民支付给非居民雇员的报酬。投资收益即有关直接投资、证券投资和其他投资的收入和支出以及储备资产的收入。2009年以来，我国收益项目持续逆差，逆差规模波动较大，2011年逆差规模达到最高点703亿美元。其中，职工报酬项目持续顺差，投资收益项目持续逆差。投资收益逆差主要归因于我国对外资产和对外负债的结构不合理。以 2013 年国际投资头寸数据为例，对外资产 5.9 万亿美元中，收益率较低的外汇储备资产高达 3.8 万亿美元，占比为 64.4%，而对外负债 4 万亿美元中，收益率较高的直接投资和证券投资合计达 2.7 万亿美元，占比为 69%。

经常转移包括各级政府的转移和其他转移。从 1982 年我国有国际收支平衡表统计以来，我国经常转移项目持续顺差，2013 年出现 87 亿美元的逆差。经过进一步分析，可以发现各级政府经常转移差额从 2004 年以来持续逆差，但规模较小，而其他部门经常转移差额由之前的持续顺差转为 2013 年的逆差 56 亿美元，使经常转移项目在 2013 年由之前的持续顺差转为逆差（见图3–2）。

经常项目收支的未来形势。从构成看，货物贸易仍将保持一定的顺差规模，服务贸易短期内仍将呈现逆差扩大走势，收益逆差将随着我国资本输出规模扩大和对外资产结构改善而相对稳定，经常转移可能延续目前的小额逆差特征。总体看，经常项目收支仍将维持顺差，但顺差规模难以明显扩大。

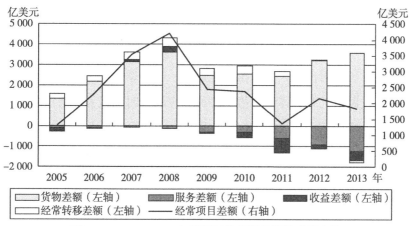

图3–2　2005—2013年我国经常项目差额构成及走势

（资料来源：国家外汇管理局。）

（二）经常项目收支对人民币汇率的影响

经常项目收支是我国国际收支平衡的基础项目。无论是从增加对外净债权以提升币值稳定预期，还是增加当期外汇流入推升即期人民币汇率，经常项目顺差对人民币汇率的影响都是非常重要的。从经常项目差额与人民币即期汇率走势看，若其他条件不变，则我国经常项目顺差扩大，人民币即期汇率表现较强，若我国经常项目顺差收窄，则人民币即期汇率走弱。

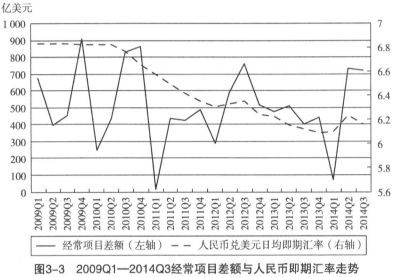

亿美元

图3-3　2009Q1—2014Q3经常项目差额与人民币即期汇率走势
（资料来源：国家外汇管理局。）

从图 3-3 可以看出，人民币国际化以来，我国季度经常项目顺差总体保持较大规模，人民币汇率总体呈升值走势，但有两个时间段人民币出现阶段性贬值走势。第一个时间段是 2012 年第二季度和第三季度，人民币对美元呈贬值走势，而 2012 年第一季度，经常项目顺差由 2011 年第四季度的 484 亿美元降至 286 亿美元，降幅达 41%，推动了后两个季度的人民币贬值走势。第二个时间段是 2014 年第二季度，人民币出现较为明显的贬值走势，而 2014 年第一季度，经常项目顺差由 2013 年第四季度的 440 亿美元降至 70 亿美元，降幅达 84%，推动了第二季度的人民币贬值走势，在第二季度经常项目顺差大幅升至 734 亿美元后，人民币兑美元汇率转为上行。

从整个国际收支看，经常项目收支顺差在整个国际收支顺差中的占比较高。

2005—2014 年，经常项目顺差在国际收支差额中占比最高为 2012 年的 117%，最低为 2011 年的 34%，其间年度平均为 66%。经常项目持续顺差是人民币汇率的重要支撑，即使在资本和金融项目由于境内外利差收窄和人民币贬值预期增强而出现逆差的 2012 年，经常项目顺差仍可以抵补资本和金融项目的外汇流出，保持人民币汇率的基本稳定，全年人民币对美元升值 1.02%（见图3-4）。

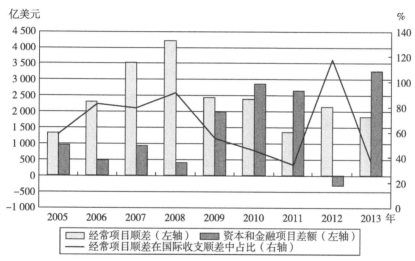

图3-4　2005—2013年国际收支顺差结构和经常项目顺差占比
（资料来源：国家外汇管理局。）

二、直接投资收支的影响分析

（一）直接投资的构成和决定因素

直接投资指一经济体居民投资者通过投资对另一经济体的居民企业实施管理上的控制或重要影响，即一个经济体的居民从另一个经济体的居民实体中获得大于等于 10% 的普通股权或表决权以及在此基础上发生的债权债务关系，也包括逆向投资和联属企业间的投资。从内容看，直接投资分为两部分，一部分是直接投资者对直接投资企业的股本投资，另一部分是直接投资者和直接投资企业之间的借贷往来。

股本投资和借贷资金往来的决定因素不同。股本投资主要取决于投资目的国家或地区经济增长形势和潜力，而借贷资金往来主要受境内外利差和人民币升贬值预期因素影响。若境内利率高于境外利率，且人民币存在升值预期，则境内企业从境外企业借入的资金增加，境内企业可以获取低息所带来的利差收益和人民币升值收益，推动直接投资流入资金增长；若境内利率低于境外利率，或人民币存在贬值预期，则境内企业对境外企业的借出资金增加，或归还境外企业贷款资金增加，推动直接投资流出资金增长。由于国际收支平衡表上直接投资并未进一步区分股本资金流动和借贷资金流动，因此可用商务部门公布的实际利用外资和对外直接投资数据代表股本性资金流动，用国际收支平衡表相应数据减去商务部门公布数据后的余额，代表境内外直接投资者和直接投资企业之间的借贷资金往来。根据这种方法计算后，2005—2014 年我国直接投资收支的构成如表 3-1 所示。

表3-1　2010—2014年我国直接投资收支构成

单位：亿美元

时间	对外直接投资	实际利用外资	国际收支平衡表我国在外直接投资差额	国际收支平衡表外国在华直接投资差额	我国在外直接投资借贷资金净流入（负值表示流出）	外国在华外接直接投资借贷资金净流入
	①	②	③	④	⑤ = ① + ③	⑥ = ④ - ②
2010Q1	75	238	-64	503	11	265
2010Q2	103	283	-109	592	-6	309
2010Q3	184	236	-179	593	5	357
2010Q4	227	331	-227	750	0	419
2011Q1	85	303	-61	738	24	435
2011Q2	154	306	-113	731	41	425
2011Q3	169	258	-159	576	0	318
2011Q4	193	293	-151	755	42	462
2012Q1	166	295	-154	611	12	316

时间	对外直接投资	实际利用外资	国际收支平衡表我国在外直接投资差额	国际收支平衡表外国在华直接投资差额	我国在外直接投资借贷资金净流入（负值表示流出）	外国在华外国在华直接投资借贷资金净流入
	①	②	③	④	⑤＝①＋③	⑥＝④－②
2012Q2	189	296	-139	516	50	220
2012Q3	171	243	-143	492	28	249
2012Q4	247	283	-213	792	34	509
2013Q1	238	279	-213	533	25	254
2013Q2	217	341	-157	613	60	272
2013Q3	161	266	-158	500	3	234
2013Q4	285	290	-204.	937	81	647
2014Q1	199	315	-125	661	74	346
2014Q2	234	318	-187	580	47	262
2014Q3	316	240	-246	691	70	451

资料来源：商务部、国家外汇管理局。

　　由于商务部公布的对外直接投资和实际利用外资数据不含银行、证券、保险领域数据，即不含金融机构直接投资数据，所以表中我国在外直接投资借贷资金净流入和外国在华直接投资借贷资金净流入数据存在一定误差。根据国家外汇管理局公布的 2012 年和 2013 年金融机构直接投资流量人民币数据，2012年和 2013 年对外直接投资净流出（根据人民币兑美元即期汇率年度平均值折算）分别为 71 亿美元和 117 亿美元，考虑该因素后，2012 年和 2013 年我国在外直接投资借贷资金仍分别净流入 53 亿美元和 52 亿美元；2012 年和 2013 年金融机构来华直接投资净流入（根据人民币兑美元即期汇率年度平均值折算）分别为 51 亿美元和 43 亿美元，与纳入金融机构对外直接投资因素后我国在外直接投资借贷资金净流入额 53 亿美元和 52 亿美元基本相当，二者可互相抵消。因此，本书将外国在华直接投资借贷资金净流入额（表 3 中⑥项）作为整个直接投资债务性资金净流入额，直接投资差额减去直接投资债务性资金净流入额，可得到直接投资股本性资金净流入额。

从国际收支平衡表数据看，2010—2013年直接投资差额分别为1 857亿美元、2 317亿美元、1 763亿美元、1 850亿美元，其中债务性资金净流入额（根据表3-1中每年四个季度外国在华直接投资借贷资金净流入合计得到）分别为1 350亿美元、1 640亿美元、1 295亿美元、1 407亿美元，占比分别为73%、71%、73%、76%。由此可见，直接投资收支净流入资金中，70%以上为直接投资者和直接投资企业之间的债务性资金流入，反映出在人民币维持升值预期和境内融资利率高于境外的情况下，外商投资企业通过借用境外母公司的低成本债务性资金，或者境内的母公司通过借用境外子公司的债务性资金，以获取人民币升值和境内外利差的双重收益。

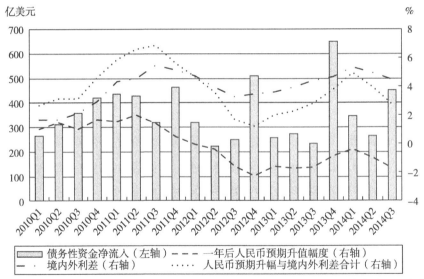

图3-5　2010—2014年直接投资债务性资金流入与人民币升值预期、境内外利差走势
（资料来源：商务部、国家外汇管理局、路透数据库。）

从图3-5可以看出，直接投资项目的债务性资金流入走势与境内外利差（人民币3个月Shibor-美元3个月Libor）、人民币升值预期（境内一年期人民币兑美元远期汇率相对即期汇率的升值幅度）走势基本一致，若将人民币对美元预期升值幅度和境内外利差合计（借入债务性资金的预期综合收益）与直接投资债务性资金流入比较，二者走势更为一致。

从直接投资股本性资金收支看，2014 年，我国对外直接投资规模仅比同期我国吸引外资规模低 36 亿美元，如果加上第三地融资再投资，2014 年我国的对外投资规模在 1 400 亿美元左右，高于实际利用外资约 200 亿美元，标志着我国已经成为直接投资资本的净输出国。2010—2014 年，我国实际使用外资年均增长 5.7%，而对外直接投资年均增长 19.5%，对外直接投资增速大大高于实际使用外资增速。未来，"一带一路"、亚洲基础设施投资银行、丝路基金、金砖国家开发银行等一揽子计划，将进一步带动我国的资本输出规模，对外直接投资仍将保持较快增长。同时，随着我国劳动力成本上升，以及资源和环境约束的进一步增强，实际使用外资规模难以大幅增长，但我国仍处于经济的中高速增长阶段，投资中国仍然是跨国企业的较优选择，因此我国实际使用外资将保持平稳增长。综合来看，直接投资股本性资金会逐渐转为净流出。

从直接投资债务性资金收支看，随着我国经济增速的趋势性放缓，境内利率应随之走低，境内外利差应趋于收窄，债务性资金流入应相对稳定。同时，随着我国对外投资规模的较快增长，为支持境外子公司发展，境内母公司对境外子公司的贷款应呈增长态势。所以，综合上述因素考虑，直接投资债务性资金流入不会出现大幅增长，净流入规模应相对稳定。

综合直接投资的股本性资金和债务性资金考虑，直接投资国际收支仍将保持净流入，但净流入额应相对稳定或有所下降。

（二）直接投资收支对人民币汇率的影响

直接投资项目差额往往和货物贸易项目差额一起，作为判断我国国际收支中实体经济所代表的部分，直接投资项目顺差和货物贸易顺差规模大，则说明我国实体经济增长良好，人民币汇率趋于升值，反之，则认为实体经济疲弱，人民币汇率趋于贬值。因此，直接投资项目差额对我国国际收支的稳健发展，以及对人民币即期汇率都有重要的影响。

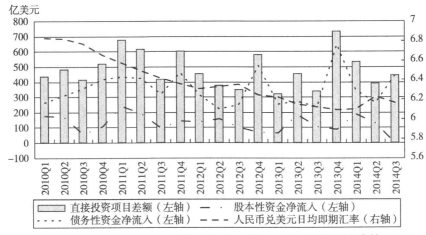

图3-6 2010—2014年直接投资项目差额与人民币即期汇率走势
（资料来源：商务部、国家外汇管理局、路透数据库。）

从图 3-6 可以看出，2012 年第二季度和第三季度，直接投资项目顺差降至 400 亿美元以下，为 2010 年以来的低点，人民币即期汇率在这个期间呈贬值走势。2014 年第一季度和第二季度，直接投资项目顺差由 2013 年第四季度的 733 亿美元，分别降至 537 亿美元和 393 亿美元，带动这两个季度的人民币即期汇率逐季走低。2014 年第三季度，直接投资顺差回升至 445 亿美元，拉动当季人民币即期汇率上行。

从直接投资项目顺差构成看，股本性资金净流入呈现明显的季节性波动特征，每年的前两个季度净流入规模较大，第三季度净流入规模回落，第四季度回升至高点；债务性资金净流入波动较大，与人民币即期汇率走势明显相关。债务性资金流入规模大，人民币即期汇率走高，如 2011—2013 年每年的第四季度；债务性资金流入规模小，人民币即期汇率走低，如 2012 年上半年和 2014 年上半年。

从上述分析可知，直接投资项目顺差变化与人民币即期汇率呈正相关关系。其中，股本性资金净流入主要受实体经济因素影响，总体稳定，但是呈季节性波动特征；债务性资金净流入波动较大，主要受境内外利差和人民币升贬值预期因素影响。

三、证券投资和其他投资收支的影响分析

（一）证券投资和其他投资的构成及决定因素

证券投资是在有组织市场或其他类型金融市场交易可流通的债务证券和股本证券。其他投资主要包括贸易信贷、贷款、货币和存款、其他资产和负债等。从证券投资和其他投资的构成看，除了股本证券投资外，其他项目都为债务性工具，受境内外利差和人民币升贬值预期影响较大。

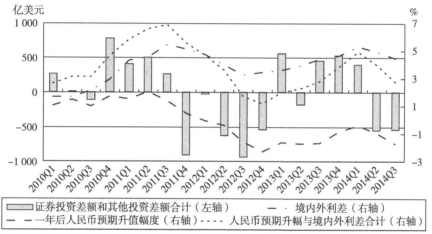

图3-7 2010—2014年证券投资差额和其他投资差额与人民币升值预期、境内外利差走势
（资料来源：国家外汇管理局、路透数据库。）

从图3-7可以看出，证券投资和其他投资差额合计的走势与境内外利差（人民币3个月Shibor-美元3个月Libor）、人民币升值预期（境内一年期人民币兑美元远期汇率相对即期汇率的升值幅度）走势基本一致，若将人民币对美元预期升值幅度和境内外利差合计（对外负债的预期综合收益）与证券投资和其他投资的合计差额比较，二者走势更为一致。反映出在人民币维持升值预期和境内融资利率高于境外的情况下，境内市场主体负债外币化倾向增强，通过增加贸易信贷负债和境外贷款来获取人民币升值和境内外利差的双重收益，证券投资和其他投资资金呈现净流入特点；若人民币出现贬值预期或境内外利差收

窄，境内市场主体负债去外币化倾向增强，通过减少贸易信贷负债和偿还境外贷款来避免汇兑损失，证券投资和其他投资资金呈现净流出特点。

根据上述分析，人民币汇率双向波动成为新常态，以及我国对证券投资和跨境贷款管理的不断放松，证券投资和其他投资必将随着人民币升贬值走势和预期，以及境内外利差变化而呈现双向波动特征。

（二）证券投资和其他投资收支对人民币汇率的影响

证券投资差额和其他投资差额合计的规模较大，双向波动特征明显，对人民币即期汇率产生较大的影响。如图 3-7 所示，2011 年第四季度到 2012 年第四季度，证券投资和其他投资差额出现逆差，一定程度上推动了 2012 年前三个季度人民币对美元的贬值走势。2014 年第二季度和第三季度，证券投资和其他投资差额连续出现逆差，一定程度上推动了这两个季度人民币对美元的贬值走势。

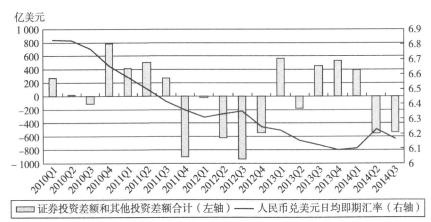

图3-8　2010—2014年证券投资差额和其他投资差额与人民币即期汇率走势

（资料来源：国家外汇管理局、路透数据库。）

从图 3-8 可以看出，证券投资和其他投资差额成为影响国际收支差额变动的首要因素。由于证券投资差额和其他投资差额双向波动特征明显，且规模较大，所以势必会对国际收支的变动产生较大影响。2012 年和 2013 年，证券投资差额和其他投资差额合计分别较上年减少 2 407 亿美元和增加 3 507 亿美元，分别占当年国际收支差额变动的 110% 和 108%。由此可见，近几年经常项目差额和直接投资差额较为稳定，国际收支差额的变动主要由证券投资差额和其他投资差额决定。

从上述分析可知，证券投资和其他投资差额双向波动特征明显，主要受境内外利差和人民币升贬值预期因素影响，其已成为影响国际收支变动的首要因素，与人民币即期汇率走势呈正相关关系。

第四节　跨境人民币收支替代结售汇的影响分析

前面分析了国际收支各个交易项目的构成、决定因素以及对人民币即期汇率的影响。若没有其他因素，则国际收支产生的外汇供求就决定了人民币即期汇率。但是，随着人民币国际化的快速推进，跨境人民币结算在国际收支中的占比快速提高。这势必会对国际收支产生的外汇收支形成替代，即对银行间外汇市场的即期结售汇产生替代，进而对人民币即期汇率产生影响。

一、跨境人民币收支的构成和决定因素

跨境人民币收支已涵盖国际收支的各个交易项目。《2014 年第四季度中国货币政策执行报告》显示，2014 年，银行累计办理跨境贸易人民币结算业务 7.6 万亿元，其中，货物贸易、服务贸易及其他经常项目、对外直接投资、外商直接投资结算金额占比分别为 77.6%、8.6%、2.5%、11.3%。2014 年跨境人民币结算净支付约 4 100 亿元。

目前，跨境人民币收支呈现净流出状态，这符合人民币国际化输出人民币流动性的战略需要。境外需要人民币，一方面是由于随着中国经济位居世界第二以及人民币的升值趋势，在与中国外贸交易中选择使用人民币，以规避汇率风险和获取人民币升值收益，这类需求可称之为交易性需求；另一方面，由于中国资本项目尚未完全开放，导致境内在岸市场和境外离岸市场人民币汇率存在差异，一些在境内外都有交易平台的市场主体便利用在岸市场和离岸市场的人民币汇率差异，选择在人民币汇率相对较高的市场购汇和在人民币汇率相对

较低的市场结汇，以获取人民币汇差收益，这类需求可称为套利性需求。

为分析交易性需求和套利性需求对跨境人民币收支的影响。本书用境内外利差（境内 3 个月 Shibor– 境外 3 个月 Libor）代表交易性需求的影响因素，因为境内利率较高反映出境内经济增长良好和人民币币值坚挺，可使人民币的交易性需求增加；用境内外人民币汇率差异（境内人民币兑美元即期汇率 CNY– 香港离岸市场人民币兑美元即期汇率 CNH）代表套利性需求的影响因素，因为套利性需求套取的就是境内外人民币汇差收益。2011—2014 年跨境人民币收支与境内外利差和人民币汇差的走势如图 3-9 所示。图 3-9 右轴的 0.01 代表境内外利差的 1 个百分点，同时也代表境内外汇差的 100 个基点。

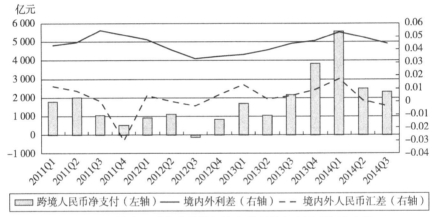

图3-9　跨境人民币收支差额与境内外利差和人民币汇差走势

（资料来源：中国人民银行、路透数据库。）

从图 3-9 可以看出，2011 年以来，我国的跨境人民币呈净流出态势，净流出规模趋于扩大，净流出额与境内外利差和人民币汇差走势较为一致，尤其与境内外汇差的走势更为接近，说明目前的跨境人民币结算业务中，套利性需求的影响较大。当境内外利差较大和境外人民币汇率高于境内（即 CNY 减去 CNH 的差为正），境外人民币需求增加，跨境人民币收支净支付规模扩大；境内外利差较小和境外人民币汇率低于境内（即 CNY 减去 CNH 的差为负），境外人民币的交易性需求减少，套利性需求将境外人民币资金调入境内购汇，使跨境人民币净支付规模回落，甚至在 2012 年第三季度，境内外利差和人民币汇差均出现明显下降，该季度跨境人民币收支出现了净收入。

目前，跨境人民币结算已扩大到国际收支的各个项目、境内各个省（市）、境外各个国家（地区），人民币清算行分布于亚洲、欧洲、北美洲、大洋洲，境外投资者可投资于境内债券、股票市场。随着跨境人民币结算、投资政策的更加便利化，以及"一带一路"、亚洲基础设施投资银行、丝路基金、金砖国家开发银行等一揽子计划的实施，人民币跨境收支的规模和占比将继续提升。

二、跨境人民币收支对人民币汇率的影响

跨境人民币收支对即期结售汇具有替代作用，跨境人民币净支付替代净售汇，在其他条件不变情况下增加银行间外汇市场的净结汇压力，使人民币汇率存在一定程度的高估。由于跨境人民币收支在跨境收支中的占比已经高达25%，未来该占比还会继续提升，对即期结售汇的替代程度将更大，进而对人民币即期汇率的影响程度也更大。

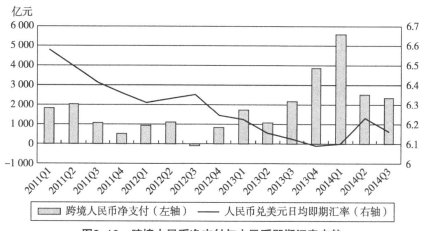

图3-10 跨境人民币净支付与人民币即期汇率走势

（资料来源：中国人民银行、路透数据库。）

从图 3-10 可以看出，2012 年之前，由于跨境人民币净支付规模较小，对人民币即期汇率的影响不够显著。2013 年以后，跨境人民币净支付规模明显扩

大，对人民币即期汇率的影响较为显著，二者呈现一致走势。当跨境人民币净支付规模扩大时，由于替代净售汇而增加了银行间市场的净结汇压力，所以推动当期人民币即期汇率走高（图 3-10 中人民币兑美元汇率曲线下行）。

从上述分析可知，交易性需求和获取境内外人民币汇差收益的套利性需求构成跨境人民币收支的总需求。跨境人民净支付规模对人民币即期汇率产生明显影响，跨境人民币净支付规模扩大，人民币即期汇率走强，反之，跨境人民币净支付规模下降，人民币即期汇率走弱。

第五节　市场主体外汇资产负债调整和央行干预的影响分析

前面分析了国际收支及跨境人民币收支对人民币汇率的影响，若不考虑境内市场主体外汇资产负债调整和央行干预对外汇供求的影响，则国际收支顺差减去跨境人民币净支付后的外汇供求就决定了人民币即期汇率。但是，随着对企业、个人、银行等市场主体外汇资产负债管理的放松，其外汇资产负债调整产生的结售汇需求对银行间即期外汇市场的影响逐渐显现，已成为影响人民币即期汇率形成的重要因素。同时，在人民币汇率短期快速升值时期，中央银行也会入市干预，进而对人民币即期汇率产生影响。本节将分析企业和个人外汇存贷款变化、银行结售汇综合头寸调整、中央银行干预对人民币即期汇率的影响。

一、外汇存贷款变化的影响分析

（一）外汇存贷款变化的决定因素

外汇存款的变化可以分为减少和增加两种变化。外汇存款减少的原因主要是用于对外支付或结汇，结汇主要是避免人民币升值带来的汇兑损失；对外支付是为了避免人民币升值带来的汇兑损失或本外币正向利差带来的利息损失，否则可保留外汇存款而选择用人民币购汇对外支付。外汇存款的增加主要来源于从境外收入外汇且不结汇，主要原因是人民币处于贬值走势或本外币正向利差收益不足以弥补人民币贬值损失，市场主体选择以外汇存款形式持有资产。

外汇贷款的变化也可以分为减少和增加两种变化。外汇贷款减少主要是市场主体偿还所致，主要是为了避免人民币贬值带来的汇兑损失。外汇贷款增加说明市场主体负债的外币化倾向增强，主要是想获得人民币升值带来的汇兑收益和本外币较大正向利差的利差收益。

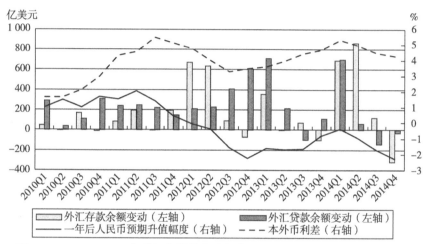

图3-11　2010—2014年外汇存贷款变动与人民币升值预期、本外币利差走势
（资料来源：CEIC、路透数据库。）

在图 3-11 中，外汇存、贷款余额变动为该季度末外汇存款余额或外汇贷款余额减去上季度末的差额，一年后人民币预期升值幅度根据该季度境内一年期人民币兑美元汇率相对即期汇率的日均升值幅度，本外币利差为境内人民币 3 个月 Shibor 减去境外美元 3 个月 Libor 的差额。

从图 3-11 中可以看出，2010 年第一季度至 2011 年第三季度，人民币维持升值预期，本外币利差持续扩大，市场主体负债外币化倾向较强，外汇贷款保持较大的季度增加额，而外汇存款增加额较小或出现下降。2011 年第四季度至 2012 年第二季度，人民币贬值预期增强，本外币利差收窄，市场主体的资产外币化倾向增强，外汇存款大幅增长。2012 年第三季度至 2013 第一季度，随着人民币贬值预期减弱和本外币利差逐步扩大，市场主体负债外币化倾向强烈，外汇贷款显著增长。为抑制外汇贷款超常增长带来的净结汇压力，国家外汇管理局于 2013 年 5 月发布了《关于加强外汇资金流入管理有关问题的通知》，将银行结售汇综合头寸限额与外汇存、贷款比率挂钩，该政策有效抑制了外汇贷款的快速增长。2013 年后三个季度，虽然人民币贬值预期持续减弱，且本外币正向利差持续扩大，但外汇贷款增量明显下降。2014 年第二季度以来，人民币双向波动特征明显且贬值预期不断增强，本外币利差呈收窄走势，外汇存款持续减少，外汇贷款基本稳定。

综上分析，人民币升值及本外币正向利差扩大将使外汇存款减少而外汇贷款增加，人民币贬值及本外币正向利差收窄将使外汇存款增加而外汇贷款减少。

（二）外汇存贷款变化对人民币汇率的影响

外汇存贷款的变动额通过对银行间外汇市场的外汇供求产生影响，进而对人民币即期汇率产生影响。

外汇存款结汇则会增加银行间外汇市场的结汇压力，外汇存款对外支付则会减少银行间外汇市场的购汇；外汇贷款增加则会减少对外支付时的购汇额，相应减少银行间外汇市场的购汇额。所以，若人民币升值及本外币正向利差扩大使市场主体减少外汇存款且增加外汇贷款，则会增加银行间外汇市场的结汇额，以及减少外汇市场的购汇额，二者的共同作用便增加了银行间外汇市场的净结汇压力，推动人民币即期汇率走强。

外汇存款增加，说明收入外汇不结汇，则会减少银行间外汇市场的结汇额；外汇贷款减少，说明市场主体购汇偿还外汇贷款，则会增加银行间外汇市场的购汇压力。所以，若人民币贬值及本外币正向利差收窄使市场主体增加外汇存款且减少外汇贷款，则会减少银行间外汇市场的结汇额，以及增加外汇市场的购汇额，二者共同作用便增加了银行间外汇市场的净购汇压力。

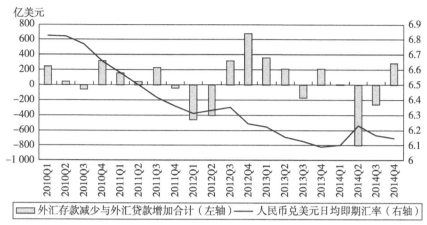

图3-12 外汇存、贷款变动与人民币即期汇率走势
（资料来源：CEIC、路透数据库。）

在图 3-12 中，外汇存款减少与外汇贷款增加的合计为正，说明给银行间外汇市场带来净结汇压力，应推动人民币即期汇率上行（图中人民币兑美元即期汇率曲线下行）；若外汇存款减少与外汇贷款增加的合计为负，则说明给银行间外汇市场带来净购汇压力，应推动人民币即期汇率下行（图中人民币兑美元即期汇率曲线上行）。2010—2011 年，由于外汇存、贷款变动额较小，对人民币即期汇率的影响不太明显。2012—2014 年，各个季度外汇存、贷款变动额较大，对人民币即期汇率变动产生明显影响。2012 年前两个季度，外汇存款减少和外汇贷款增加合计为负，且均超过 400 亿美元，给银行间外汇市场带来的净购汇压力推动人民币即期汇率下行。2012 年第三季度至 2013 年第四季度，外汇存款减少和外汇贷款增加合计在多数季度为正，推动了这一时期人民币即期汇率上行。2014 年第二季度，外汇存款减少和外汇贷款增加合计为负，且达到 800 亿美元，给银行间外汇市场带来巨大的净购汇压力，使人民币即期汇率明显下行。

二、银行结售汇综合头寸变化的影响分析

结售汇综合头寸是指外汇指定银行（以下简称银行）持有的因人民币与外币间交易而形成的外汇头寸，由银行办理符合外汇管理规定的对客户结售汇业

务、自身结售汇业务和参与银行间外汇市场交易所形成。外汇指定银行结售汇综合头寸余额应保持在国家外汇管理局核定的范围内，若银行因为增持头寸而在银行间外汇市场购买外汇，则会增加外汇需求，使人民币汇率下行；若银行因为减持头寸而在银行间外汇市场卖出外汇，则会增加外汇供给，使人民币汇率上行。

（一）银行结售汇综合头寸变化的决定因素

银行结售汇综合头寸的变动主要来自两个方面。一是由于即期结售汇交易带来的变动，即期净结汇则头寸增加，即期净售汇则头寸减少。二是由于未到期远期净结汇余额增减带来的变动，未到期远期净结汇余额下降，则说明外汇指定银行增持结售汇综合头寸；未到期远期净结汇余额增加，则说明外汇指定银行减持结售汇综合头寸。

外汇指定银行会根据人民币汇率预期确定是增持还是减持结售汇综合头寸。如果预期人民币汇率走强，则外汇指定银行会在国家外汇管理局规定的限额内减持结售汇综合头寸；如果预期人民币汇率走低，则外汇指定银行会在国家外汇管理局规定的限额内增持结售汇综合头寸。

由于公开渠道只能获得未到期远期净结汇余额的变动情况，所以本文便假设外汇指定银行将代客和自身的即期结售汇差额全部在银行间外汇市场进行平盘，即即期结售汇交易形成的结售汇综合头寸为零，以未到期远期净结汇余额的变动代表银行结售汇综合头寸的变动。

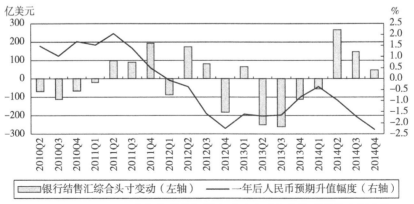

图3-13　2010—2014年银行结售汇综合头寸变动与人民币升值预期走势

（资料来源：国家外汇管理局、路透数据库。）

由图 3-13 可见，2010 年第二季度至 2011 年第一季度，人民币对美元升值预期不断增强，外汇指定银行减持结售汇综合头寸。2011 年第二季度至 2013 年第四季度，人民币贬值预期先强后弱，外汇指定银行先增持、后减持结售汇综合头寸。2014 年后三个季度，人民币对美元贬值预期增强，外汇指定银行增持结售汇综合头寸。

（二）银行结售汇综合头寸变动对人民币即期汇率的影响

外汇指定银行如果增持结售汇综合头寸，将会增加银行间外汇市场的外汇需求，使人民币汇率走低；如果减持结售汇综合头寸，将会增加银行间外汇市场的外汇供给，使人民币汇率走高。

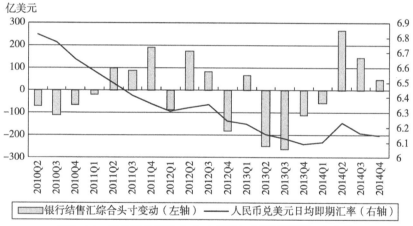

图3-14　银行结售汇综合头寸变动与人民币即期汇率走势

（资料来源：国家外汇管理局、路透数据库。）

从图 3-14 中可以看出，银行结售汇综合头寸变动与人民币兑美元即期汇率走势呈现出一定的相关关系。2010 年第二季度至 2011 年第一季度，外汇指定银行减持结售汇综合头寸，推动同期人民币即期汇率上行。2011 年第二季度开始，受国家外汇管理局对银行结售汇综合头寸实施收付实现制管理因素影响，外汇指定银行增持结售汇综合头寸。2012 年 4 月 16 日起取消收付实现制结售汇综合头寸管理，2012 年第二季度和第三季度外汇指定银行增持结售汇综合头寸，使同期人民币即期汇率下行。2012 年第四季度至 2014 年第一季度，外汇指定银行减持结售汇综合头寸，推动人民币即期汇率上行。2014 年后三个季度，外汇指定银行结售汇综合头寸增持额不断下降，使人民币即期汇率有所回升。

综上分析，人民币升值预期会使外汇指定银行减持结售汇综合头寸，增加外汇市场的外汇供给，推动人民币即期汇率上行；人民币贬值预期会使外汇指定银行增持结售汇综合头寸，增加外汇市场的外汇需求，带动人民币即期汇率下行。

三、中央银行干预的影响

2014 年 3 月 17 日银行间即期外汇市场人民币兑美元汇率浮动幅度由 1% 扩大到 2% 之后，人民银行公开表态将基本退出常态式外汇干预。在此之前，由于银行间即期外汇市场总体呈外汇供大于求状态，人民币面临一定升值压力，人民银行还是进行了一定干预，因此，分析 2014 年之前的银行间即期外汇市场供求和人民币汇率应该考虑中央银行干预因素。

（一）中央银行干预银行间即期外汇市场的时机及形式

中央银行干预外汇市场的时机一般是在外汇市场外汇供求失衡严重和人民币汇率出现大幅异常波动的时候。若银行间即期外汇市场外汇供大于求的情况严重，人民币汇率短期内快速大幅上行，中央银行会选择入场购买外汇，抛售人民币，以平衡外汇供求，减轻人民币短期内快速异常升值的压力，在中央银行资产负债表上反映为外汇占款的增加。若银行间即期外汇市场外汇供不应求的情况严重，人民币汇率短期内快速大幅下行，中央银行会选择入场抛售外汇，购买人民币，以平衡外汇供求，减轻人民币短期内快速异常贬值的压力，在中央银行资产负债表上反映为外汇占款的减少。

（二）中央银行干预对人民币即期汇率的影响

在人民币汇率异常快速上行时，若中央银行进入银行间即期外汇市场购买外汇，抛售人民币，则会压低人民币汇率，收窄人民币升值幅度。在人民币汇率异常快速下行时，若中央银行进入银行间即期外汇市场抛售外汇，购买人民币，则会拉高人民币汇率，收窄人民币贬值幅度。

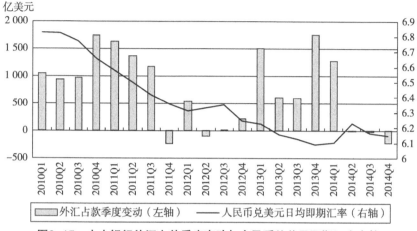

图3-15　中央银行外汇占款季度变动与人民币兑美元即期汇率走势
（资料来源：中国人民银行网站、路透数据库。）

从图 3-15 可以看出，2010 年第四季度至 2011 年第三季度，中央银行外汇占款季度增加规模都达到 1 000 亿美元以上，这段时期人民币兑美元即期汇率处于持续较快上行，即使在中央银行干预下，季度平均涨幅也高达 1.35%，累计上涨 5.5%，人民币汇率波动已明显超过经济基本面所决定的范围，如果中央银行不干预，则人民币汇率会上涨更快、涨幅更大。2013 年，人民币汇率又进入一轮较快上涨期，而同期经常项目等决定人民币汇率的基本面因素并无明显变化，为熨平市场异常波动，中央银行入市干预，中央银行外汇占款也有较大规模的增加。而 2012 年第二季度至第四季度、2014 年第二季度至第四季度，人民币兑美元汇率呈双向波动态势，外汇供求基本平衡，中央银行基本未入市干预。

第六节　外汇供求各渠道影响程度分析和汇率决定因素提炼

上面分析了影响银行间即期外汇市场外汇供求的主要渠道，这些渠道可以分为四类。第一类是经济基本面渠道，包括国际收支中的经常项目收支、直接投资项目收支。第二类是市场主体资产负债渠道，包括国际收支中的证券投资和其他投资项目收支、外汇存贷款变动、外汇指定银行结售汇综合头寸变动，这类渠道主要受境内外利差、人民币升值预期变化等因素影响。第三类是人民币国际化渠道，即跨境人民币结算替代结售汇，进而影响外汇供求。第四类是中央银行干预渠道，中央银行会在外汇市场出现异常大幅波动时进行干预。

一、外汇供求各渠道的影响程度

银行间即期外汇市场的外汇供求表现为银行即远期结售汇差额，即银行结售汇差额与未到期远期净结汇余额变动合计。以 2014 年即远期结售汇差额变动为例，外汇供求各渠道的影响程度如表 3-2 所示。

证券投资和其他投资收支差额变化是影响外汇供求形势的首要因素。从表 3-2 可以看出，虽然 2014 年经常项目和直接投资净流入资金增加 445 亿美元，但证券投资和其他投资转为大规模净流出使整个国际收支顺差较 2013 年下降 3 881 亿美元，进而使 2014 年银行间即期外汇市场结售汇顺差较 2013 年下降 2 404 亿美元，推动人民币兑美元即期汇率由 2013 年上涨 2.91% 转为 2014 年的下跌 2.43%。

表3-2　2014年银行间即期外汇市场供求变化的渠道分解

单位：亿美元

外汇供求的渠道	2014 年金额	2013 年金额	2014 年较 2003 年变动	各渠道变动金额与即远期结售汇差额变动之比
银行结售汇差额与未到期远期净结汇余额变动合计	856	3 260	−2 404	—
经常项目顺差	2 138	1 828	310	−13%
直接投资顺差	1 985	1 850	135	−6%
证券投资和其他投资净流入	−2 945	1 381	−4 326	180%
跨境人民币净支付	673	835	−162	7%
外汇存款减少和外汇贷款增加	−767	612	−1 379	57%
外汇指定银行减持结售汇综合头寸	−402	557	−959	40%
中央银行外汇占款增加	1 041	4 471	−3 430	143%

资料来源：中国人民银行网站、国家外汇管理局网站，国际收支各项目数据为初步数。

由于境内外人民币汇差由正转负，境内人民币汇率高于境外，跨境人民币收入增加而支出下降，跨境人民币净支付下降，对净售汇的替代作用减弱，对2014年即远期结售汇差额变动的贡献度为7%，影响不是很大。

境内市场主体资产负债调整对外汇供求的影响显著。2014年人民币双向波动特征明显，人民币对美元贬值预期有所增强，市场主体资产外币化和负债去外币化特征明显，积极增加外汇存款和偿还外汇贷款，其变动对2014年即远期结售汇差额变动的贡献达57%。与此同时，外汇指定银行也积极增持外汇头寸，进而增加外汇需求，其变动对即远期结售汇差额变动的贡献为40%。

中央银行干预明显减少。2014年外汇供求基本平衡，人民币汇率双向波动特征明显，中央银行基本退出常态式外汇干预，外汇占款较2013年少增3 430亿美元。

二、人民币汇率决定因素的提炼

外汇供求决定人民币汇率，影响外汇供求各渠道的经济因素就是影响人民币汇率决定的经济因素。因此，可以从影响外汇供求各渠道的经济因素中提炼出人民币汇率的决定因素。

上述分析中，经常项目顺差和直接投资顺差可视为实体经济渠道对外汇供求的影响，其他渠道可视为非实体经济渠道对外汇供求的影响。实体经济渠道外汇供求主要取决于我国的资源禀赋、经济增长阶段，本质上取决于劳动生产率的变化，在一定时期内是较为稳定的。非实体经济渠道外汇供求的变化取决于境内外利差（本外币利差）、人民币升值预期、境内外人民币汇差，在短期内会由于市场环境的变化而出现逆转。外汇供求的渠道及其决定因素如表3-3所示。

表3-3　银行间即期外汇市场外汇供求渠道及决定因素

外汇供求的渠道		各渠道的决定因素
国际收支	经常项目收支	实体经济
	直接投资收支	实体经济
	证券投资和其他投资收支	境内外利差、人民币升值预期
	跨境人民币收支	人民币升值预期、境内外人民币汇差

外汇供求的渠道		各渠道的决定因素
境内市场主体外汇资产负债调整	外汇存贷款变动	人民币升值预期、本外币利差
	银行结售汇综合头寸变动	人民币升值预期
中央银行干预	中央银行入市买卖外汇	外汇供求失衡的严重程度

从表 3-3 可以看出，短期内影响人民币即期汇率的因素主要有经常项目收支、直接投资收支、境内外利差、境内外人民币汇差、人民币升值预期、中央银行外汇占款。经常项目收支顺差、直接投资收支顺差、境内外正向利差扩大、境内外人民币汇差（CNY-CNH，下同）为正、人民币升值预期、中央银行外汇占款减少会增加外汇市场的外汇供给，推动人民币即期汇率上行，人民币升值。经常项目收支逆差、直接投资收支逆差、境内外正向利差收窄、境内外人民币汇差为负、人民币贬值预期、中央银行外汇占款增加会增加外汇市场的外汇需求，带动人民币即期汇率下行，人民币贬值。人民币即期汇率变动是上述因素综合作用的结果，各决定因素的影响方向及程度将在下一章进行实证分析。

本章小结

本章分析了银行间即期外汇市场外汇供求各渠道的影响因素及其对人民币即期汇率的影响，定量测算了各渠道对 2014 年外汇供求变化的影响程度，提炼出决定人民币汇率的经济因素。

第一节介绍汇率决定的主要理论，包括购买力平价理论、利率平价理论、国际收支说、汇兑心理说、资产市场说。该节主要作用在于通过比较主要的汇率决定理论，为后文以国际收支为基础的外汇供求分析奠定理论基础。

第二节提出了人民币名义汇率决定的理论依据和市场框架。依据人民币汇率由外汇市场供求决定的现实，结合人民银行对人民币汇率决定的阐述，以汇率决定的国际收支理论为指导，认为人民币名义汇率由国际收支基础上的外汇供求决定。根据这一理论依据，具体勾勒了人民币名义汇率决定的市场框架，影响外汇供求的具体渠道有：国际收支、跨境人民币收支、外汇存贷款、银行结售汇综合头寸、中央银行干预。

第三节分析了国际收支渠道对人民币即期汇率的影响。国际收支渠道具体包括经常项目收支、直接投资收支、证券投资和其他投资收支。经常项目和直接投资主要由实体经济状况决定，证券投资和其他投资收支主要由人民币升（贬）值预期和境内外利差决定，三者顺差规模大时人民币即期汇率走强，经常项目和直接投资项目顺差下降或证券投资和其他投资转为逆差时，人民币即期汇率走弱。

第四节分析了跨境人民币收支对人民币即期汇率的影响。境内外利差和境内外人民币汇差影响跨境人民币收支差额规模和方向的变化。跨境人民币净支付规模变化对人民币即期汇率产生明显影响，跨境人民币净支付规模扩大，人民币即期汇率走强，反之，跨境人民币净支付规模下降，人民币即期汇率走弱。

第五节分析了市场主体外汇资产负债调整及中央银行干预对人民币即期汇率的影响。人民币升（贬）值预期和本外币利差变化决定外汇存贷款余额的变化，人民币升（贬）值预期决定银行结售汇综合头寸余额的变化。外汇存款减少、外汇贷款增加、银行结售汇综合头寸下降会使人民币即期汇率走强，反之则人民币汇率走弱。在人民币快速大幅升值时期，中央银行会入市干预，收窄人民币升值幅度，在人民币汇率双向波动时期中央银行基本退出常态式外汇干预。

第六节对外汇供求各渠道的影响程度进行了定量分析，并提炼出决定人民币名义汇率变化的经济因素。以 2014 年外汇供求变化为例，证券投资和其他投资收支变化成为影响外汇供求变化的首要因素；其次，外汇存贷款变化和银行增持结售汇综合头寸的市场主体外汇资产负债结构调整对外汇供求变化产生显著影响；最后，经常项目顺差和直接投资项目顺差小幅增加对外汇供求变化的影响较小，中央银行基本退出常态式外汇干预。根据外汇供求决定人民币汇率，从影响外汇供求各渠道的因素中提炼出可能决定人民币汇率变化的经济因素，包括：经常项目收支、直接投资收支、境内外利差、境内外人民币汇差、人民币升值预期、中央银行外汇占款。

下一章将以本章提炼出的人民币名义汇率的可能决定因素为自变量，对人民币兑美元汇率和人民币名义有效汇率的决定进行计量分析，得出相应的计量分析结果，为后文提出人民币汇率管理策略和措施奠定基础。

第四章 人民币国际化进程中名义汇率决定的计量分析

由于目前中央银行重点关注人民币兑美元汇率（季度货币政策执行报告重点关注人民币兑美元汇率变化）且市场也尤为关注人民币兑美元汇率，同时考虑到我国实行的是以市场供求为基础、参考一篮子货币进行调节、有管理的浮动汇率制度，所以，本章将分别对人民币兑美元即期汇率、人民币名义有效汇率的决定进行计量分析。

本章首先介绍了计量分析所选择的变量和样本的时间区间，接着对人民币兑美元即期汇率的决定进行实证分析，最后对人民币名义有效汇率的决定进行实证分析。本章的作用在于通过计量分析，确定人民币名义汇率的决定因素，为后文提出人民币汇率管理策略和措施奠定基础。

第一节 变量的选择和样本的时间区间

根据分析目的，被解释变量为人民币兑美元即期汇率、人民币名义有效汇率。根据第三章所提炼出的人民币名义汇率的决定因素，选取经常项目收支差额、直接投资收支差额、跨境人民币结算净支付、境内外利差、境内外人民币汇差、人民币升值预期、中央银行外汇占款变动为解释变量。

各变量样本数据的区间为 2010 年第三季度至 2014 年第四季度。虽然跨境贸易人民币结算试点开始于 2009 年 7 月，但考虑到试点地区的结算规模很有限，本书将各变量样本数据的起始时间定为 2010 年第三季度（2010 年 6 月跨境人民币结算试点扩大后的首个完整季度）。从跨境人民币结算规模看，2009 年共结算 36 亿元，按后两个季度平均计算，每个季度结算规模仅为 18 亿元；2010年第一季度和第二季度，跨境人民币结算规模分别为 219 亿元和 487 亿元，其对结售汇的替代作用难以对银行间外汇市场的外汇供求产生明显影响。而跨境贸易人民币结算试点扩大后的首个季度，即 2010 年第三季度，全国跨境人民币结算规模就达到 1 265 亿元，此后的结算规模更是快速增长，其对结售汇的替代作用已经对银行间外汇市场的外汇供求产生明显影响。

被解释变量和解释变量具体设定如下。

一、被解释变量

人民币兑美元即期汇率（ER）。根据银行间即期外汇市场每日人民币兑美元收盘价的倒数计算得到 2010 年第三季度至 2014 年第四季度各个季度的日均汇率，在此基础上，以 2010 年各月平均水平为 100，各样本期人民币兑美元即期汇率除以 2010 年平均汇率，再乘以 100，得到各样本期的人民币兑美元即期汇率指数。人民币兑美元即期汇率指数与人民币币值为正向关系，汇率指数走高则说明人民币升值，汇率指数走低则人民币贬值。分析人民币兑美元即期汇率的决定，可以更贴近央行和市场关注人民币兑美元汇率的现实。

人民币名义有效汇率（NEER）。根据国际清算银行公布的 2010 年 7 月至2014 年 12 月各月的人民币名义有效汇率，在各个季度进行算术平均得到各个季度的人民币名义有效汇率。由于我国实行的是参考一篮子货币进行调节的浮动汇率制度，将人民币名义有效汇率作为被解释变量，与我国人民币汇率管理的目标一致，能够更好地反映人民币的价值变化和我国面临的总体贸易条件，对实现商品和服务贸易基本平衡有重要的参考意义。

上述两个被解释变量将分别在两个计量模型中作为被解释变量。

二、解释变量

经常项目顺差（CA）。从理论上讲，经常项目顺差对人民币即期汇率有重要支撑作用。从具体数据看，在我国服务贸易长期逆差且逆差规模不断扩大的情况下，经常项目顺差更能准确反映我国的外部盈余状况。此外，在中央银行对人民币汇率制度内容的解释中，提到"将根据经常项目主要是贸易平衡状况动态调节汇率浮动幅度，发挥"有管理"的优势"[①]，说明中央银行是否对人民币汇率进行管理的根本依据是经常项目差额的变动情况。样本数据取自国家外汇管理局公布的 2010 年第三季度至 2014 年第四季度国际收支平衡表中"经常账户"数据。

直接投资顺差（FDI）。根据第三章的分析，直接投资可细分为股本性资金收支和债务性资金收支，由于不能得到金融类直接投资的流量数据，且直接投资的债务性资金收支服务于直接投资项目，与一般的套利资金有所不同，所以本书直接引用国际收支平衡表上的直接投资差额数据作为样本数据。样本数据取自国家外汇管理局公布的 2010 年第三季度至 2014 年第四季度国际收支平衡表中"直接投资"数据。

跨境人民币结算净支付（RMB）。根据 2010 年第三季度至 2014 年第四季度各季度《中国货币政策执行报告》中跨境贸易人民币结算实收实付差额和直接投资结算差额加工计算和汇总得到。

境内外利差（IRS）。采用境内银行间同业拆借市场 3 个月人民币 Shibor 减去境外伦敦银行同业拆借市场 3 个月美元 Libor 的差额表示。各季度的样本数据根据路透系统每日收盘价算术平均得到。上一章在分析境内外汇存贷款变化的影响因素时的本外币利差，也用"境内外利差"变量表示。

境内外人民币汇差（ERS）。采用各季度境内银行间外汇市场人民币兑美元日均即期汇率（CNY）减去香港离岸市场人民币兑美元日均即期汇率（CNH）的差额表示。各季度的样本数据通过路透系统每日收盘价算术平均得到。为数据分析方便，将各季度点差换算为相对境内人民币兑美元即期汇率溢（折）价幅度。

---

① "人民币汇率制度"的内容［EB/OL］.（2010–09–15）. http：//www.pbc.gov.cn/huobizhengceersi/214481/214545/214769/3871699/index.html.

人民币升值预期（ERE）。采用境内银行间外汇市场人民币兑美元一年期远期汇率相对人民币兑美元即期汇率的升（贬）值幅度表示，计算公式为"各季度人民币兑美元日均即期汇率 / 各季度人民币兑美元一年期日均远期汇率 −1"。日均数据为路透系统每日收盘价的算术平均值。

中央银行外汇占款（FE）。这是指各个季度中国人民银行外汇占款的增加额，根据中国人民银行公布的"货币当局资产负债表"中外汇占款数据计算得到。

为减轻或消除可能存在的异方差性，以及分析解释变量百分比变动对被解释变量百分比变化的影响，对上述变量中的人民币兑美元汇率（ER）、人民币名义有效汇率（NEER）、经常项目顺差（CA）、直接投资顺差（FDI）四个变量均取自然对数形式。

第二节　人民币兑美元汇率决定的实证分析

一、模型的设定

根据第三章对人民币汇率和各影响因素之间呈明显的线性相关关系，本书设定人民币兑美元汇率的计量模型为

$$ER = C + \beta_1 CA + \beta_2 FDI + \beta_3 RMB + \beta_4 IRS + \beta_5 ERS + \beta_6 ERE + \beta_7 FE + u \qquad （4-1）$$

二、模型的计量分析

在对时间序列数据进行回归分析之前，应先检验所设定的模型形式是否恰当，以及时间序列数据是否平稳，并据此确定是否可以对各变量的样本数据采取普通最小二乘法进行估计。

（一）相关性分析

首先考察变量之间的相关性。经过 Eviews 变量相关性分析，ER 的样本数据与 CA、FDI、RMB、IRS、ERS、ERE、FE 等变量的样本数据均具有明显的线性相关关系，因此，构建线性回归模型（4-1）式是合适的。

（二）时间序列的平稳性检验

使用普通最小二乘法进行估计的前提是各时间序列变量是平稳的，否则会出现伪回归问题。为此，采用 Augmented Dickey-Fuller（ADF）单位根检验法，根据 AIC 信息准则最小化原则确定最佳滞后项，对 ER、CA、FDI、RMB、IRS、ERS、ERE、FE8 个变量分别进行单位根检验，结果如表 4-1 所示。从检验结果看，8 个变量均为平稳变量，可以直接使用普通最小二乘法（OLS）进行估计。

表4-1　ADF单位根检验结果

模型	ER	CA	FDI	RMB	IRS	ERS	ERE	FE
Intercept	-4.23**			-3.45**				-9.15*
	（0.01）			（0.03）				（0.00）
Trend and Intercept		-4.64*	-4.19**		-5.43*		-9.05*	
		（0.01）	（0.02）		（0.01）		（0.00）	
None						-2.23**		
						（0.03）		
Maxlag（AIC）		6	5	6	6	7	6	7

注：带 * 号的数字为 t 统计量，*、** 分别表示在 1% 和 5% 统计水平上显著，括号内为 P 值。

（三）回归结果分析

根据计量模型（4-1），利用2010年第三季度至2014年第四季度的样本数据，在 Eviews 5.0 软件中进行 OLS 回归后的系数估计值如（4-2）式所示，各系数的 t 值、决定系数、DW 值见表 4-2。

表4-2　人民币兑美元即期汇率决定模型的回归结果

解释变量	被解释变量：ER		
	（4-2）式	（4-4）式	（4-6）式
C	4.498*	4.569*	4.594*
	（100.001）	（281.837）	（520.293）

续表

解释变量	被解释变量：ER		
	（4-2）式	（4-4）式	（4-6）式
CA	0.005**	0.003	—
	（2.423）	（1.751）	—
FDI	0.009	—	—
	（1.315）	—	—
RMB	0.00000515**	0.00000691*	0.00000581*
	（2.763）	（4.415）	（3.783）
IRS	0.018*	0.017*	0.016*
	（8.250）	（8.160）	（7.441）
ERS.	0.006	—	—
	（0.689）	—	—
ERE	−0.020*	−0.019*	−0.019*
	（−15.760）	（−15.634）	（−15.035）
FE	0.00000514	—	—
	（1.506）	—	—
R−squared	0.979	0.965	0.957
Adj.R−sq.	0.964	0.955	0.948
DW	1.721	1.941	2.491

注：*、** 分别表示系数估计值在 1% 和 5% 统计水平上显著。

$$\widehat{ER} =4.498+0.005CA+0.009FDI+0.00000515RMB+0.018IRS+0.006ERS-0.020$$
$$ERE+0.00000514FE \tag{4-2}$$

从系数估计值看，经常项目顺差、直接投资顺差的系数估计值的符号为正，说明国际收支顺差推动人民币升值；跨境人民币结算净支付的系数估计值的符号为正，符合跨境人民币净支付增加外汇市场净结汇压力，进而推动人民币升值的事实；境内外利差的系数估计值的符号为正，说明境内外正向利差能够吸引债券等证券投资和境外贷款等其他投资资金流入，推动人民币升值；境内外人民币汇差的系数估计值的符号为正，说明境内人民币汇率低于境外使境内人民币汇出至境外购汇的行为增加，进而增加境内外汇市场的净结汇压力，推动人民币升值。人民币升值预期的系数估计值的符号为负，说明人民币升值预期增强反而会引导人民币兑美元即期汇率下行，其原因之一可能是人民币升值预期数据为一年期人民币兑美元远期汇率相对即期汇率的隐含升（贬）值幅度，由于我国远期市场许多交易对应着即期市场的反方向交易，若即期市场外汇供大于求（人民币即期升值），则远期市场外汇供不应求（人民币远期贬值）；原因之二可能是人民币升值预期强时人民币即期升值压力大，外汇管理局出台了相应的结售汇头寸管理措施，外汇指定银行增持外汇头寸使人民币即期汇率下行，同时，中央银行也会在即期外汇市场进行干预，外汇占款增加较多，抑制了人民币即期升值压力。中央银行外汇占款的系数估计值的符号为正，说明中央银行外汇占款增加较多的时期一般是人民币即期升值压力大的时期，中央银行干预只是一定程度上缩小人民币升值幅度，但并不改变人民币汇率走向。

从各系数的 t 值看，直接投资顺差 FDI、境内外人民币汇差 ERS、中央银行外汇占款 FE 的系数估计值在 5% 的显著性水平下并不显著异于 0，说明其对人民币兑美元即期汇率 ER 无显著影响。直接投资顺差对银行间即期外汇市场外汇供求变化的影响远没有经常项目、证券投资和其他投资的影响大，所以其对人民币兑美元即期汇率影响不显著是正常的。境内外人民币汇差对人民币兑美元即期汇率影响不显著，说明由于境内外人民币汇差所引起的套利性跨境人民币支付的变化尚不足以对外汇市场供求和人民币兑美元汇率产生显著影响。中央银行外汇占款变动对人民币兑美元汇率影响不显著，说明中央银行干预只是熨平外汇市场的异常大幅波动，一定程度上抑制人民币对美元的升（贬）值幅度，并不会改变人民币兑美元汇率的方向。

在计量模型（4–1）中，去掉直接投资顺差 FDI、境内外人民币汇差 ERS、央行外汇占款 FE 三个变量后，建立模型如下：

$$ER=C+\beta_1 CA+\beta_2 RMB +\beta_3 IRS +\beta_4 ERE +u \qquad (4-3)$$

根据计量模型（4–3），利用 2010 年第三季度至 2014 年第四季度的样本数据，在 Eviews 5.0 软件中进行 OLS 回归后的系数估计值如（4-4）式所示，各系数的 t 值、决定系数、DW 值见表 4-2。

$$\widehat{ER} = 4.569 + 0.003CA + 0.00000691RMB + 0.017IRS - 0.019ERE \tag{4-4}$$

从各系数的 t 值看，常数项 C、跨境人民币结算净支付 RMB 的系数估计值均在 1% 的统计水平上显著，而经常项目顺差 CA 的系数估计值在 5% 的统计水平上也不显著，其 P 值为 10.35%，略高于 10%。从实际数据看，经常项目顺差一般决定人民币的长期趋势，但短期来看人民币汇率的变化并不一定与经常项目顺差走势相符。从第三章结论部分看，经常项目顺差对银行间即期外汇市场外汇供求变化的影响也没有证券投资和其他投资的影响大，所以其对人民币兑美元即期汇率的影响没有境内外利差等显著也属正常。从计量模型（4-3）中，去掉经常项目顺差 CA 变量后，建立模型如下：

$$ER = C + \beta_1 RMB + \beta_2 IRS + \beta_3 ERE + u \tag{4-5}$$

根据计量模型（4-5），利用 2010 年第三季度至 2014 年第四季度的样本数据，在 Eviews 5.0 软件中进行 OLS 回归后的系数估计值如（4-6）式所示，各系数的 t 值、决定系数、DW 值见表 4-2。

$$\widehat{ER} = 4.594 + 0.00000581RMB + 0.016IRS - 0.019ERE \tag{4-6}$$

从 t 值看，常数项 C、跨境人民币结算净支付 RMB、境内外利差 IRS、人民币升值预期 ERE 的系数估计值均在 1% 的统计水平上显著，且模型估计式的决定系数为 0.957，说明模型拟合得较好。根据 DW 值，查 DW 统计量表后可以确定模型不存在自相关。所以，（4-6）式可以较好地估计人民币兑美元汇率的决定。

从（4-6）式中各解释变量的系数看，跨境人民币净支付若增加 1 000 亿元，可以使人民币对美元即期升值约 0.58%；境内外正向利差每扩大 1 个百分点，可以使人民币对美元即期升值约 1.6%；人民币远期市场升值幅度扩大 1 个百分点，可以使人民币对美元即期贬值约 1.9%。人民币远期汇率与即期汇率走势相反，说明随着跨境资本流动便利化程度的提高和流动规模的扩大，人民币兑美元汇率越来越符合利率平价理论，远期汇率更多反映的是人民币和美元的利差，不能完全反映人民币升（贬）值预期，这可以从 2012 年至今人民币兑美元一年期远期汇率相对即期汇率隐含升（贬）值幅度均处于贬值区间得到证明。2013 年，人民币对美元升值预期强烈，但由于人民币和美元之间存在较大的正向利差，所以即使人民币兑美元一年期远期汇率持续走高，但最高时仍低于即期汇率。

三、结论

随着人民币国际化的推进和资本项目开放程度的不断提高，人民币兑美元即期汇率逐渐由跨境人民币净支付、境内外利差、人民币升（贬）值预期所决定，该计量分析结果与第三章对外汇供求各渠道影响程度分析的结果是一致的。即人民币汇率变化由外汇供求变化决定，而外汇供求变化由证券投资和其他投资变动、跨境人民币净支付变化、外汇存贷款变化等决定，其中证券投资和其他投资、外汇存贷款等由境内外（本外币）利差、人民币升（贬）值预期决定，所以人民币汇率变化由跨境人民币净支付、境内外利差、人民币升（贬）值预期决定。

第三节　人民币名义有效汇率决定的实证分析

一、模型的设定

根据第三章对人民币汇率和各影响因素之间呈明显的线性相关关系，本书设定人民币名义有效汇率的计量模型为

$$NEER=C+\beta_1 CA+\beta_2 FDI+\beta_3 RMB+\beta_4 IRS+\beta_5 ERS+\beta_6 ERE+\beta_7 FE+u \qquad (4-7)$$

二、模型的计量分析

在对时间序列进行回归分析之前，需要对模型的设定形式是否恰当进行分析，并对时间序列数据的平稳性进行检验，据此确定是否可以对各变量的样本数据采取普通最小二乘法进行估计。

（一）相关性分析

首先考察变量之间的相关性。经过 Eviews 变量相关性分析，NEER 的样本数据与 CA、FDI、RMB、IRS、ERS、ERE、FE 等变量的样本数据均具有明显的线性相关关系，因此，构建线性回归模型（4-7）式是合适的。

（二）时间序列的平稳性检验

采用 Augmented Dickey-Fuller（ADF）单位根检验法，根据 AIC 信息准则最小化原则确定最佳滞后项，对 NEER 变量进行单位根检验。采用含截距项模型，最佳滞后期为 6，检验结果表明 NEER 变量在 1% 显著水平上为平稳变量，可以直接使用普通最小二乘法（OLS）进行估计。

三、回归结果分析

根据计量模型(4-7)，利用 2010 年第三季度至 2014 年第四季度的样本数据，在 Eviews 5.0 软件中进行 OLS 回归后的系数估计值如（4-8）式所示。

$$\widehat{NEER} = 4.339 + 0.006CA + 0.035FDI + 0.0000109RMB + 0.014IRS + 0.011ERS - 0.040ERE + 0.00000222FE \tag{4-8}$$

t 值：　　17.121　0.541　　　0.928　　　　1.039　　　1.095　　0.239

−5.456　　　−0.115

$R^2 = 0.826$　　　$DW = 0.950$

从 t 值看，除了常数项 C 和人民币升值预期 ERE 的系数估计值在 1% 统计水平上显著外，其他解释变量的系数估计值即使在 5% 的统计水平上也不显著，说明这些变量对人民币名义有效汇率的影响并不显著。

依次去掉 t 检验不显著的变量，再进行 OLS 回归，直至 t 检验显示解释变量系数估计值显著为止，最后得到下式

$$\widehat{NEER} = 4.658 - 0.035ERE \tag{4-9}$$

t 值：557.847 −6.136

$R^2 = 0.702$　　　$DW = 0.579$

从（4-9）式可以看出，模型并未包含有实际意义的解释变量，且衡量模型拟合优度的决定系数不高，经查 DW 统计量值表，模型存在序列相关，无法再信赖回归系数的置信区间或 t 检验结果。

所以，根据上述计量结果，无法在国际收支基础上构建有说服力的人民币名义有效汇率决定模型。

四、盯住美元式人民币名义有效汇率模型的计量分析

根据目前人民币名义有效汇率可能根据人民币兑美元汇率变化而变化的情况，构造被解释变量为人民币名义有效汇率，解释变量为人民币兑美元汇率、美元指数的计量模型，对人民币名义有效汇率的变化进行实证分析。

（一）变量的选取

被解释变量。人民币名义有效汇率 NEER，数据来源同上文，根据国际清算银行公布的 2010 年 7 月至 2014 年 12 月各月的人民币名义有效汇率，在各个季度进行算术平均得到各个季度的人民币名义有效汇率。

解释变量：

人民币兑美元汇率 ER。根据银行间即期外汇市场每日人民币兑美元收盘价的倒数计算得到 2010 年第三季度至 2014 年第四季度各个季度的日均汇率，在此基础上，以 2010 年各月平均水平为 100，各样本期人民币兑美元即期汇率除以 2010 年平均汇率，再乘以 100，得到各样本期的人民币兑美元即期汇率指数。

美元指数 USDI。根据路透系统每日美元指数收盘价，通过算术平均计算得到 2010 年第三季度至 2014 年第四季度各季度的日均美元指数。

（二）模型的设定

根据人民币名义有效汇率中人民币兑美元汇率的权重最大，使人民币名义有效汇率与人民币兑美元汇率呈线性相关关系，可以设定线性回归模型如下

$$NEER=C+\beta_1 ER+\beta_2 USDI+u \qquad （4-10）$$

（三）变量的预处理

为便于分析人民币兑美元汇率百分比变动对人民币名义有效汇率百分比变动的影响，对上述人民币名义有效汇率 NERR、人民币兑美元汇率 ER、美元指数三个变量均取自然对数形式。

相关性分析。利用 Eviews 软件对 NEER、ER、USDI 三个变量的样本数据进行相关性分析，结果表明 NEER 的样本数据与 ER、USDI 的样本数据均具有明显的线性相关关系。因此，设定被解释变量与解释变量间的线性回归模型是合适的。

（四）回归结果分析

根据计量模型（4—10），利用 2010 年第三季度至 2014 年第四季度的样本数据，在 Eviews 5.0 软件中进行 OLS 回归后的结果如（4—11）式所示。

$$\widehat{\text{NEER}} = -4.986 + 1.310\text{ER} + 0.806\text{USDI} \qquad （4\text{—}11）$$

t 值　 -9.465 　 11.301 　 7.986

P 值　 0.000 　 0.000 　 0.000

$R^2 = 0.957$

从 t 值看，常数项 C、人民币兑美元汇率 ER、美元指数 USDI 三个变量的系数估计值均在 1% 的统计水平上显著。从系数估计值看，人民币对美元升值 1%，人民币名义有效汇率升值 1.31%；美元指数升值 1%，人民币名义有效汇率升值 0.806%。从决定系数看，模型拟合得较好。

由于人民币名义有效汇率以 2010 年月均水平为 100，为与其可比，对人民币兑美元即期汇率、美元指数进行加工处理，使二者也以 2010 年月均水平为 100，对 2010 年 1 月至 2014 年 12 月的数据进行转换，可以得到人民币名义有效汇率指数、人民币兑美元即期汇率指数、美元指数的同基准数据，三者的走势见图 4—1。

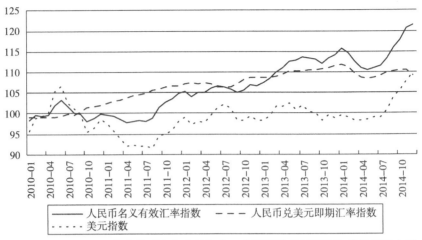

图4-1　2010—2014年人民币名义有效汇率、人民币兑美元汇率和美元指数走势
（资料来源：国际清算银行、路透数据库。）

从图4-1可以看出，人民币名义有效汇率指数与人民币兑美元即期汇率指数、美元指数的走势较为一致。其原因，一是美元作为世界上最重要的定价货币，许多货币都盯住美元，若人民币对美元升值，则对许多货币升值，推动人民币名义有效汇率升值；二是由于美元指数包含美元对欧元、日元、英镑、加元、瑞典克朗、瑞士法郎6种货币的汇率，该6种货币与人民币双边汇率在人民币有效汇率中的权重合计为42.5%，若人民币盯住美元，则美元指数走势在很大程度上影响着人民币名义有效汇率指数的走势。

五、结论

人民币名义有效汇率变化与我国国际收支变动并不具有统计上的显著关系，但是其与人民币兑美元汇率和美元指数具有显著的线性相关关系，人民币兑美元汇率走势和美元指数走势决定着人民币名义有效汇率的走势，说明目前我国采取的仍然是盯住人民币兑美元汇率的汇率管理制度，这主要是人民币对美元交易规模在我国银行间即期外汇市场交易规模中占比较高所致。以2015年1月为例，我国银行间即期外汇市场人民币对外汇交易总的成交量为3 236亿美元，其中人民币对美元成交量为3 003亿美元，占比高达92.8%。所以，管理银行间即期外汇市场上人民币汇率的实质就是管理人民币兑美元汇率，保持人民币汇率在合理均衡水平上的基本稳定就是保持人民币兑美元汇率的基本稳定。

本章小结

本章以第三章提炼出的影响人民币汇率变化的经济因素为自变量，对人民币兑美元汇率、人民币名义有效汇率的决定进行了计量分析，得出人民币兑美元即期汇率由跨境人民币净支付、境内外利差、人民币升（贬）值预期决定，人民币名义有效汇率由人民币兑美元汇率、美元指数决定的结论。

第一节介绍了计量分析所选择的变量和样本的时间区间。被解释变量分别为人民币兑美元汇率、人民币名义有效汇率。解释变量为：经常项目收支差额、直接投资收支差额、跨境人民币结算净支付、境内外利差、境内外人民币汇差、人民币升值预期、央行外汇占款变动。

第二节对人民币兑美元汇率的决定进行实证分析。实证分析结果表明，人民币兑美元汇率由跨境人民币净支付、境内外利差、人民币升（贬）值预期决定。其中，跨境人民币净支付若增加1 000亿元，可以使人民币对美元即期升值约0.58%；境内外正向利差每扩大1个百分点，可以使人民币对美元即期升值约1.6%。该结果与第三章对外汇供求各渠道对外汇供求变化影响程度分析的结果是一致的。

第三节对人民币名义有效汇率的决定进行了实证分析。实证分析结果表明，无法在国际收支基础上构建有说服力的人民币名义有效汇率决定模型。对盯住美元式人民币名义有效汇率决定模型分析的结果表明，人民币名义有效汇率由人民币兑美元汇率、美元指数决定。其中，人民币对美元升值1%，人民币名义有效汇率升值1.31%；美元指数上涨1%，人民币名义有效汇率升值0.81%。

上述分析及结论表明，随着人民币国际化的推进和资本项目的进一步开放，人民币兑美元汇率的变动逐渐脱离了经常项目顺差和直接投资顺差的影响，主要取决于跨境人民币净支付、境内外利差、人民币升值预期的变化。由于人民币兑美元交易量在我国银行间即期外汇市场交易量中占比很高，使得目前的参考一篮子货币进行调节的汇率管理主要体现为保持人民币兑美元汇率的基本稳定，人民币名义有效汇率变化取决于人民币兑美元汇率和美元指数的变化。

下一章将对人民币实际有效汇率的失衡程度进行分析，为后文提出人民币汇率管理策略和管理措施提供依据。

第五章　人民币实际有效汇率的失衡程度分析

对人民币汇率进行管理的前提是人民币实际有效汇率严重失调，而这需要将人民币实际有效汇率与人民币均衡汇率进行比较。本章首先介绍均衡汇率的概念及人民币均衡汇率研究的沿革；其次对人民币国际化时期的均衡汇率进行测算，研究人民币国际化是否对人民币均衡汇率产生显著影响；最后对人民币实际有效汇率的失衡程度进行分析，判断人民币实际有效汇率是否失衡。

第一节　均衡汇率测算方法及人民币均衡汇率研究的沿革

一、均衡汇率的测算方法

斯旺（Swan，1963）在凯恩斯和纳科斯关于均衡汇率定义的基础上提出了汇率的宏观经济均衡分析法，明确区分了内外部平衡，将内部均衡定义为充分就业，将外部均衡定义为经常项目和资本项目之和的平衡，也就是国际收支平衡，将均衡汇率定义为与宏观经济内外部均衡相一致的汇率。总体来看，均衡汇率的测算方法可以分为三类：购买力平价方法、宏观经济均衡方法、均衡汇率方程方法。

（一）基于购买力平价的均衡汇率测算

均衡汇率思想始于卡塞尔的购买力平价假说。由于购买力平价成立的前提条件是一价定律，而一价定律在现实中很难成立，所以多数学者认为不可以依据绝对购买力平价来判断均衡汇率。购买力平价只能反映实际汇率变动的趋势性，一系列的因素能够持续使均衡汇率偏离购买力平价。

近些年，购买力平价理论的重要进展是将"巴拉萨—萨缪尔森效应"变量纳入购买力平价的测算，称为扩展的购买力平价方法。"巴拉萨—萨缪尔森效应"认为经济发展较快国家中贸易部门相对于非贸易部门的生产率优势是货币升值的动力之一，该效应的产生机理为：随着外向型经济的发展，一国贸易部门生产率不断提升并趋同于国际水平，贸易部门工资水平随之提高。由于劳动要素的自由流动、对劳工竞争性需求以及劳动力资源的有限性等，非贸易部门工资被动增长以适应贸易部门的高工资。但是，非贸易部门生产率并未改善而成本（主要指工资）上涨，势必推高非贸易部门产品价格，带动社会价格水平的普遍提高，最终导致实际汇率升值。

利用扩展购买力平价方法测算均衡汇率需要满足"一价定律"，即不同国家间贸易品的比价相对稳定。但现实中贸易品的相对比价会不断变化，不同国家的贸易品种类差别很大，而且还存在关税、运输成本以及其他贸易壁垒因素，一价定律在贸易品部门也未必成立。这给利用扩展的购买力平价方法进行均衡汇率测算带来了困难。

（二）基于宏观经济均衡框架的均衡汇率测算方法

宏观经济均衡框架下均衡汇率测算方法的基础理论是 Williamson 提出的基本要素均衡汇率（FEER，Fundamental Equilibrium Exchange Rate）理论。该理论认为，"基本要素均衡汇率"是宏观经济同时实现内部和外部均衡时的汇率水平由投资、储蓄等实体经济活动所决定。Williamson 认为 FEER 所定义的宏观经济内外均衡的实现需要满足以下等式：

$$S(W) - I(X) = CA(q, Y) = -KA(Z)$$

其中，W、X、Z 是包含一系列变量的向量，经常账户差额 CA 等于储蓄 S

和投资 I 的差，并且与资本和金融账户（对外资产或债务头寸）对等。在经常账户的决定因素中，实际汇率 q 和收入 Y 是最重要的因素，在上述条件实现时，实际汇率 q 就是与宏观经济内外均衡相一致的均衡实际汇率。

宏观经济均衡框架下的均衡汇率是一个中期的均衡汇率概念，其关键在于确定中期可持续经常账户余额（外部均衡）和均衡的储蓄投资差额（内部均衡）之间的关系。估计储蓄投资差额的均衡值有两种方法。第一种方法是用计量方法来寻求储蓄投资差额和一系列解释变量之间的数量关系，并通过解释变量的均衡值来估计储蓄投资差额的均衡值。第二种方法为外部可持续性方法，该方法假设国外净资产（或负债）的存量和组成存在均衡状态，实际利率和资产收益率等也存在着均衡水平，储蓄投资差额是投资收入和资本利得（或损失）的函数。

宏观经济均衡框架的主要局限性是，对于经济增长较快或资本流动数量比较大的国家来说，确定合理的经常账户差额目标值或储蓄投资差额存在较大的困难，难以保证所测算的均衡汇率水平的合理性。此外，宏观经济均衡框架测算法需要强大的数据库和复杂的统计测算，而发展中国家大都缺乏相关数据或存在数据质量问题，因此，该方法应用于发展中国家不太可行或结果可能不可靠。

（三）均衡汇率方程方法

基于汇率方程的均衡汇率估计方法主要有行为均衡汇率（BEER，Behavioral Equilibrium Exchange Rate）方法和以发展中国家为研究对象的均衡实际有效汇率（ERER）方法。由于 ERER 也是通过建立多变量方程，利用计量手段寻求实际汇率与生产率、国外净资产、贸易条件、政府支出等一系列解释变量之间的协整关系，在实证做法上与 BEER 没有实质区别，因此也可将 ERER 视为 BEER。

行为均衡汇率法操作简便且使用性强，被多数学者和市场参与者采用。该方法认为均衡实际汇率是各种基本经济要素处于稳态水平时所实现的稳态值，其模型估计一般采用单方程估计形式，基本思想是寻求实际汇率与相关经济要素之间的协整关系。相关经济要素一般包括贸易条件、净对外资产、劳动生产率、贸易开放度、财政支出、货币供应量等。

由于该方法是通过单方程协整模型来估计均衡汇率，相对来说比较简单，并且越来越多的实证研究表明，只要选择合适的基本经济要素、给予足够长时间的数据以及运用适当的计量方法，所估计出的单方程模型就能够很好地解释实际汇率的变动，因此该方法得到越来越广泛的应用。但是，该方法也存在一定的局限性。首先，实证结果有效性的判断更多地依赖于先验性理论。其次，理论上要求各解释变量在内外均衡的框架下取值，这在实践中很难做到。最后，对影响均衡汇率的基本经济要素的不同选择可能会得到不同的行为均衡汇率协整方程，进而得出不同的均衡汇率测度及对汇率失调的判断。

根据上述分析，行为均衡汇率方法框架较适合发展中国家。行为均衡汇率方法既可用于测算均衡汇率，并且估计出的协整方程常常能够识别出汇率失调情况，又能够解释实际观测汇率的变动原因，具有较强的可操作性。此外，根据行为均衡汇率方法测算得到的实际汇率失调程度较小的国家的经济增长表现往往比失调程度较大的国家的经济表现要好，这反过来似乎也证明了行为均衡汇率方法的相对合理性。从目前情况看，在对人民币实际均衡汇率的测算中，行为均衡汇率方法可能更为合适。

二、人民币均衡汇率研究的沿革

国内关于人民币汇率研究最早的代表作是吴念鲁和陈全庚编著的《人民币汇率研究》。该著作把新中国成立以来的各个时期人民币对西方国家和苏东国家货币汇率演变的历史、汇率政策、制定汇率的依据和方法以及各种有不同争议的问题作了比较系统的收集和整理。从 20 世纪 50 年代初到 70 年代末，国内关于人民币汇率讨论的焦点主要在于应以购买力平价还是以出口商品平均换汇成本（或进出口商品的国际比价）来确定人民币对美元的比价（吴念鲁等，1989）。90 年代初，陈彪如出版了《人民币汇率研究》一书，该书在理论基础上分别探讨了人民币理论汇率与目标汇率的确定。上述研究可视为对人民币均衡汇率的初始探讨。

90 年代中期后，国内学者较多利用购买力平价假说（PPP）研究人民币均衡汇率，但购买力平价假说的固有缺陷导致这些研究可能存在一些不足之处。金忠夏（1995）利用 Edwards 模型对人民币实际有效汇率进行研究之后，国内学者逐渐开始放弃购买力平价假说，转向使用行为均衡汇率理论模型（BEER）和发展中国家均衡实际汇率理论模型（ERER）。用行为均衡汇率理论模型（BEER）和发展中国家均衡实际汇率理论模型（ERER）对人民币均衡汇率的研究得出了一些有价值的结论，但也存在一些不足之处，如理论模型中的经济基本面因素变量与实证模型中的经济基本面因素变量不完全一致，理论研究与实证研究出现脱节现象；有些研究使用的是双边汇率，不能对人民币实际汇率水平作出综合评价。

2005 年人民币汇率形成机制改革前夕，一些学者探讨了如何确定人民币的均衡汇率水平。吴念鲁（2005）认为，均衡汇率应能使一个经济体内部和外部关系获得一种协调、合理的关系，促进和达到内外平衡和总供给与总需求的平衡，充分发挥调节整个国民经济的杠杆作用，能反映人民币的国际地位和国际资本流动的影响。对于均衡汇率的具体水平，吴念鲁（2005）认为可在贸易品本外币比价的基础上，充分考虑商品进出口形势、利用外资状况、外汇市场供需、外汇储备增减、国内生产总值增长率、货币供应量、通货膨胀率等因素加以调整。

近几年，一些学者注意到了资本流动对人民币均衡汇率的影响，高铁梅（2008）从国际产品市场和资本市场均衡的角度出发，通过建立包含中美利差和体制转型因素的行为均衡汇率模型，测算了人民币汇率的均衡水平及错位程度，并利用误差修正模型分析了宏观经济基本面对人民币汇率的影响。2010 年跨境人民币结算业务开展后，境内外汇差及人民币跨境收支对汇率的影响日益增强，资本项目可兑换继续稳步推进，人民币国际化有加速势头，但国内学者对有关人民币国际化背景下人民币均衡汇率水平的研究并不是很多。

第二节　人民币国际化时期均衡汇率的测算

根据均衡汇率测算方法优劣的比较，以及近些年学者对人民币均衡汇率研究的成果，本书利用行为均衡汇率测算方法对人民币均衡汇率进行测算。

一、人民币均衡汇率测算的变量

（一）基本经济变量的选择

行为均衡汇率模型就是把实际汇率和一系列经济基本要素变量进行协整分析，其关键是根据实际经济状况选择最合适的基本经济要素变量，这样才能得到较为可靠的均衡汇率水平。

近些年，国内外学者利用行为均衡汇率模型分析人民币均衡汇率时，选用的基本经济要素变量包括：劳动生产率、贸易条件、净对外资产、贸易开放度、外商直接投资、政府支出等。

随着人民币国际化的推进，境外离岸人民币资产规模不断扩大，离岸人民币资产规模变化反映了国际市场投资者对人民币币值的预期，若离岸人民币资产规模扩大，说明人民币存在升值趋势，若离岸人民币资产规模缩小，则说明人民币存在贬值预期。同时，随着我国资本项目开放步伐的加快，境内外利差对资本流动乃至人民币实际汇率的影响逐步加大，境内外正向利差扩大，将通过扩大资本流入使人民币实际汇率升值，境内外正向利差收窄，将通过促进资本流出使人民币实际汇率贬值。

综上分析，由于劳动生产率变化是决定人民币汇率长期趋势的根本变量，贸易条件、贸易开放度与我国经常账户状况直接相关，政府支出与政府债务规模及非贸易品消费关系密切，离岸人民币资产规模、境内外利差反映了人民币国际化背景下出现的影响人民币均衡汇率的新变量，所以本文选取劳动生产率、贸易条件、贸易开放度、政府支出、离岸人民币资产规模、境内外利差作为影响人民币实际汇率的宏观经济基本面变量。

（二）基本经济变量对人民币均衡汇率影响的理论分析

劳动生产率（Productivity，PROD）。劳动生产率是决定经济增长和一国货币汇率的根本性因素。巴拉萨—萨缪尔森效应认为经济高速增长的国家贸易品生产部门相对于非贸易品生产部门劳动生产率提高更快，从而使得贸易品部门工资水平相对提高较快，这将推动非贸易品部门的工资水平和生产成本的提高，成本的提高必然导致非贸易品价格的提高，从而使实际汇率升值。因此，相对于贸易伙伴国更快增长的劳动生产率将使实际汇率升值，劳动生产率对实际汇率的影响是正向的。由于缺乏世界人均 GDP 的季度数据，所以根据人民币名义有效汇率在很大程度上由人民币兑美元汇率决定的现状，本书选择我国季度人均 GDP 与美国季度人均 GDP 之比作为劳动生产率的代表变量。

贸易条件（Term of Trade，TOT）。贸易条件是指出口商品价格指数与进口商品价格指数之比。它是衡量一国单位出口商品换取国外进口商品数量的比率，该比值提高则该国贸易条件改善，意味着单位出口品可交换更多数量的进口品，这将改善经常账户收支状况，使实际汇率升值。反之，贸易条件恶化，将使实际汇率倾向于贬值。本书选择我国出口商品价格指数与进口商品价格指数之比作为贸易条件变量。

贸易开放度（Opening，OPEN）。贸易开放度衡量一国的贸易管制、关税壁垒等因素，贸易开放度提高意味着贸易壁垒的下降，会刺激进口，使经常账户恶化，最终导致实际汇率贬值。本书选择我国进出口总额与 GDP 之比作为贸易开放度变量。

政府支出（Government Expenditure，GE）。政府支出对实际汇率的影响并不确定，政府支出的上升如果超出安全范围，则意味着政府债务风险水平上升，这将导致实际汇率贬值。如果政府债务水平在安全范围内，政府支出的增加则意味着对非贸易品消费的增加，将推动非贸易品价格的上升，这将导致实际汇率升值。一般认为，政府债务支出与实际汇率呈反向关系。本书选择政府支出与 GDP 之比作为政府支出的代表变量。

离岸人民币资产规模（Offshore Renminbi Assets Scale，RMB）。离岸人民币资产规模增加，说明境外对人民币的需求增加，人民币升值预期增强，跨境人民币支付对购汇的替代作用增强，境内即期外汇市场净结汇压力增大，人民币即期汇率升值。反之，若离岸人民币资产规模减少，则说明一部分人民币回流境内，增加境内外汇市场的购汇压力，人民币即期汇率趋于贬值。即离岸人民币资产规模变化与人民币实际汇率存在正向关系。根据对中国香港、中国台湾、新加坡、卢森堡、伦敦等离岸市场人民币存款数据规模和数据可获得性的综合考虑，本书选择中国香港、中国台湾、新加坡三个人民币离岸市场的人民币存款之和作为离岸人民币资产规模的代表变量。

境内外利差（Interest Rate Spread，IRS）。人民币国际化进程中，资本项目可兑换程度不断提高，投资更加便利化，境内外利差的变化使直接投资项下的债务性资金往来、跨境贷款和债券融资等跨境资金流动规模扩大，流入流出的方向变化更快，境内主体本外币资产摆布也会使境内银行间外汇市场外汇供求发生较大变化，进而对人民币实际汇率产生较大影响。本书选择境内市场化程度较高的 3 个月 Shibor（上海银行间同业拆放利率）与境外 3 个月美元 Libor 的差作为境内外利差的代表变量。

（三）基本经济变量的样本数据

本书对人民币实际汇率进行实证分析的样本区间为 2005 年第三季度至 2014 年第四季度。模型中各变量的数据来源及样本数据获得方法具体如下。

被解释变量：人民币实际有效汇率（REER）。数据来源为国际清算银行公布的人民币实际有效汇率。由于国际清算银行公布的为月度数据，所以将每个季度三个月的月度数据进行算术平均后得到季度的人民币实际有效汇率。

劳动生产率（PROD）。根据 2005 年第三季度至 2014 年第四季度各季度中国的人均 GDP 与美国的人均 GDP 计算得到。由于我国总人口为年度数据，所以假设每年四个季度人口增长率相等，根据当年的人口增长率进行几何平均后得到季度人口增长率，根据季度人口增长率计算每个季度末的人口数，再根据季度初和季度末人口数的平价值作为该季度的人口数。由于美国季度人均 GDP 为季节调整后数据，所以利用 "PBC-X12-ARIMA" 软件对我国季度 GDP 也进行了季度调整。数据来源为 Wind 数据库。

贸易条件（TOT）。根据我国出口商品价格指数及进口商品价格指数的月度数据，经算术平均得到季度数据，将出口商品价格指数季度数据除以进口价格指数季度数据得到贸易条件的季度样本数据。数据来源为 Wind 数据库。

贸易开放度（OPEN）。根据我国各季度进出口总额与 GDP（根据该季度日均人民币兑美元中间价折算为美元）数据计算得到。数据来源为 Wind 数据库。

政府支出（GE）。根据我国各季度政府支出金额与 GDP 数据计算得到。数据来源为 Wind 数据库。

离岸人民币资产规模（RMB）。根据各季度香港、台湾和新加坡人民币存款余额计算得到。数据来源为 Wind 数据库。

境内外利差（IRS）。根据各季度日均 3 个月 Shibor（上海银行间同业拆放利率）与境外日均 3 个月美元 Libor 计算（Shibor–Libor）得到。数据来源为路透数据库、Wind 数据库。为分析方便，将计算得到的境内外利差乘以 100 作为样本数据，这样可以看出境内外一个百分点利差的变动对人民币实际汇率的影响。

除境内外利差变量外，其他变量的样本数据均采取对数形式，各变量分别记为 LREER、LPROD、LTOT、LOPEN、LGE、LRMB、IRS。根据上述分析，人民币实际有效汇率的均衡汇率模型为

$$LREER=C+\beta_1 LPROD+\beta_2 LTOT+\beta_3 LOPEN+\beta_4 LGE+\beta_5 LRMB+\beta_6 IRS+u \quad （5-1）$$

二、人民币均衡汇率的计量分析

（一）对变量平稳性的 ADF 检验过程及结果

运用 Eviews 5.0 软件首先对被解释变量和解释变量的样本数据进行数据平稳性检验，检验结果如表 5-1 所示。

表5-1　各变量ADF检验结果

变量	检验形式（C，T，L）	ADF 统计量	1% 显著水平下的临界值	5% 显著水平下的临界值	10% 显著水平下的临界值
LREER	（C，N，1）	−0.206055	−3.626784	−2.945842	−2.611531
D（LREER）	（N，N，0）	−4.267231	−2.630762	−1.950394	−1.611202
LPROD	（C，T，1）	−1.101252	−4.234972	−3.540328	−3.202445
D（LPROD）	（C，N，0）	−4.843749	−3.626784	−2.945842	−2.611531

变量	检验形式 （C，T，L）	ADF 统计量	1% 显著水平 下的临界值	5% 显著水平 下的临界值	10% 显著水平 下的临界值
LTOT	（C，N，1）	−4.740407	−3.626784	−2.945842	−2.611531
LOPEN	（C，N，1）	−1.842977	−3.626784	−2.945842	−2.611531
D（LOPEN）	（N，N，0）	−8.916119	−2.630762	−1.950394	−1.611202
LGE	（C，N，1）	−2.376126	−3.626784	−2.945842	−2.611531
D（LGE）	（N，N，0）	−6.231646	−2.630762	−1.950394	−1.611202
LRMB	（C，N，1）	−0.875114	−3.6329	−2.948404	−2.612874
D（LRMB）	（N，N，0）	−2.236811	−2.632688	−1.950687	−1.611059
IRS	（C，N，1）	−1.993778	−3.626784	−2.945842	−2.611531
D（IRS）	（N，N，0）	−4.775121	−2.630762	−1.950394	−1.611202

注：C 代表单位根检验方程中含有常数项，T 代表含有时间趋势项，L 代表滞后阶数，N 代表不含对应项，变量前的"D"代表对该变量取一阶差分。

根据各变量的 ADF 检验结果，除 LTOT 为 I（0）即平稳时间序列外，其余各变量均为 I（1），即一阶单整序列。

（二）协整分析

根据对各变量的单位根检验结果，各变量为一阶单整或平稳时间序列，可能存在协整关系。下面，通过 Engle-Granger 方法来判断变量间是否存在协整关系。Engle-Granger 方法分为两步。第一步，利用普通最小二乘法估计被解释变量与解释变量的方程，并求出残差序列。第二步，用 ADF 方法检验残差序列的平稳性，确定被解释变量与解释变量是否存在协整关系。

首先，利用 Eviews 5.0 软件对方程（5-1）各变量 2005 年第三季度至 2014 年第四季度的样本数据进行普通最小二乘法估计（协整回归），估计结果如表 5-2 所示。

表5-2　协整回归结果

变量	系数	标准差	t 统计量	概率
C	4.840799	0.213916	22.62941	0.0000
LPROD	0.219001	0.048188	4.544735	0.0001
LTOT	0.207272	0.081768	2.534884	0.0165
LOPEN	−0.097804	0.042718	−2.289519	0.029
LCE	−0.064992	0.032614	−1.992759	0.0552
LRMB	0.022537	0.011325	1.989926	0.0555
IRS	−0.009845	0.005745	−1.713727	0.0966

　　其次，对回归残差序列进行 ADF 检验，由于残差的均值为 0，所以选择没有截距项的模型进行检验，结果如表 5-3 所示。由表 5-3 可以看出，残差序列的 ADF 统计量低于 1% 显著水平的临界值，说明残差序列是一个平稳序列。

表5-3　协整回归残差序列ADF检验结果

ADF 统计量		t 统计量	概率
		−4.852097	0
临界值	1% 显著水平	−2.632688	—
	5% 显著水平	−1.950687	—
	10% 显著水平	−1.611059	—

　　上述协整回归和回归残差 ADF 检验结果表明，基于 2005 年第三季度至 2014 年第四季度的人民币实际有效汇率与相应的基本经济变量之间存在着协整和长期均衡关系，协整方程为

$$\widehat{LREER} = 4.841 + 0.219LPROD + 0.207LTOT − 0.098LOPEN − 0.065LGE + 0.024LRMB − 0.010IRS \qquad (5-2)$$

$$R^2 = 0.949$$

　　（5-2）式中各变量的显著性如表 5-2 所示。在 10% 的显著性水平上，各

个基本经济变量的系数都是显著的。LPROD 的弹性系数最高，为 0.219，即中美劳动生产率之比每提高 1% 将带动实际有效汇率升值 0.219%。贸易条件的弹性系数次之，为 0.207，即贸易条件每提高 1% 将带动实际有效汇率升值 0.207%。LOPEN、LGE 与 LREER 呈反向关系，弹性系数分别为 0.098、0.065，即贸易开放度、政府支出与 GDP 之比每提高 1%，将分别使实际有效汇率贬值 0.098%、0.065%。LRMB 的弹性系数为 0.023%，说明伴随着人民币国际化进程的加快，离岸人民币资产市场规模每扩大 1%，将带动人民币实际有效汇率升值 0.023%。IRS 的弹性系数为 –0.01%，说明随着资本账户开放程度的不断提高，资本流动更加便利，境内外利差的扩大为实际有效汇率带来一定的贬值压力，这与高铁梅（2008）年的研究结论是一致的。

第三节　人民币实际有效汇率的失调程度分析

根据行为均衡汇率理论，均衡汇率可进一步区分为当前均衡汇率和长期均衡汇率，将基本经济变量的当前值代入协整方程得到的估计值为当前均衡汇率，将基本经济变量的长期均衡值代入协整方程得到的估计值为长期均衡汇率。相应地，人民币实际有效汇率失调便可进一步区分为当前汇率失调和长期汇率失调。

一、人民币当前汇率失调程度

根据当前均衡汇率的概念，将行为均衡汇率模型（5–1）式中各基本经济变量的当前值代入协整方程（5–2），便可得到人民币的当前均衡实际汇率（Current Equilibrium Rate），记作 CREER。由于在对均衡汇率协整分析时，人民币实际有效汇率变量为人民币实际有效汇率的自然对数形式，所以将各基本经济变量数据代入协整方程后得到的估计值为当前均衡汇率的自然对数形式，经换算可以得到人民币当前均衡汇率 CREER，人民币实际有效汇率的实际值 REER 和当前均衡汇率 CREER 的走势如图 5–1 所示。

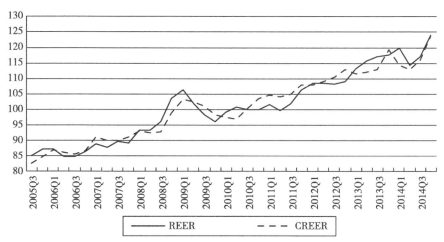

图5-1　2005Q3—2014Q3人民币实际有效汇率实际值与当前均衡汇率走势

根据人民币实际有效汇率的当前均衡汇率，可以计算人民币实际有效汇率的当前汇率失调程度（Current Misalignment，CMT），其计算公式为

$$CMT=（REER-CREER）/CREER \qquad （5-3）$$

人民币实际有效汇率的当前失调程度如图 5-2 所示。

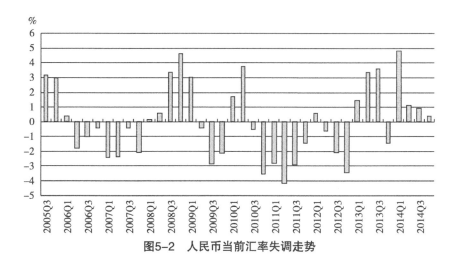

图5-2　人民币当前汇率失调走势

二、人民币长期汇率失调程度

将行为均衡汇率模型中基本经济变量的长期均衡值代入协整方程（5-

2），可以得到人民币的长期均衡汇率（Long-term Equilibrium Rate），记为 EREER。为得到基本经济变量的长期均衡值，可采用回归分析方法、移动平均法、HP（Hodrick-Prescott）滤波方法和频谱滤波方法（frequency（band-pass）filer，BP 滤波）。本文采用 HP 滤波方法确定基本经济变量的长期均衡值，人民币长期均衡汇率的协整方程为

ELREER=4.841+0.219HPLPROD+0.207HPLTOT−0.098HPLOPEN−0.065HPLGE+

0.024HPLRMB−0.010HPIRS   （5-4）

同样，由于协整方程中人民币实际有效汇率变量为人民币实际有效汇率的自然对数形式，所以将各基本经济变量的长期均衡值代入协整方程（5-4）后得到的估计值为长期均衡汇率的自然对数形式，经换算可以得到人民币长期均衡汇率 EREER，人民币实际有效汇率的实际值 REER 和长期均衡汇率 EREER 的走势如图 5-3 所示。

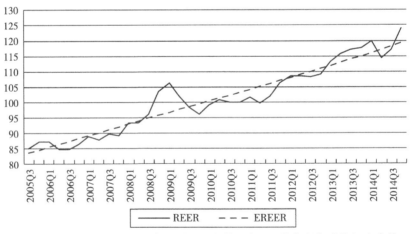

图5-3 2005Q3—2014Q3人民币实际有效汇率实际值与长期均衡汇率走势

根据人民币实际有效汇率的长期均衡汇率，可以计算人民币实际汇率的长期汇率失调程度（Long-term Misalignment，LMT），其计算公式为

LMT=（REER−EREER）/EREER   （5-5）

人民币实际汇率的长期失调程度如图 5-4 所示。

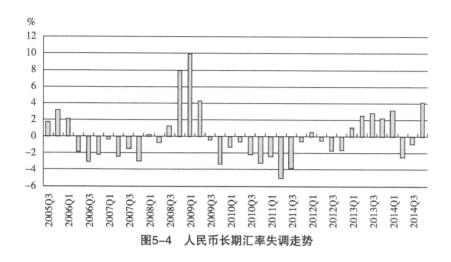

图5-4 人民币长期汇率失调走势

三、人民币实际有效汇率失调程度分析

从图 5-1 和图 5-3 可以看出，人民币实际有效汇率从 2005 年第三季度人民币汇率形成机制改革以来，总体呈现波动中稳步升值的走势，与人民币长期均衡汇率的走势基本一致，并围绕人民币当前均衡汇率和长期均衡汇率上下小幅波动，人民币实际有效汇率基本保持在均衡水平区间。

从图 5-3 可以看出，人民币长期均衡汇率保持稳步升值趋势，这与我国较快的经济增长速度、不断改善的贸易条件、离岸人民币资产规模的快速增长等基本经济变量的趋势是一致的。

从图 5-2 和图 5-4 可以看出，人民币实际有效汇率短期失调的方向变化要快于长期失调，说明人民币实际有效汇率也容易受到短期因素的冲击。从 2005 年第三季度至 2014 年第四季度人民币实际有效汇率的短期失调走势和长期走势看，二者高估和低估的阶段性走势是基本一致的，由于长期失调基本剔除了短期波动性的影响，本书将根据人民币实际有效汇率的长期失调走势分析 2005 年 7 月人民币汇率形成机制改革以来汇率的失调情况。

从图 5-4 可以看出，2005 年第三季度至 2014 年第四季度人民币实际有效汇率的长期失调经历了低估、高估、低估、高估四个阶段。

第一阶段：2005Q3—2008Q2，历时 12 个季度，人民币实际有效汇率总体低估，平均低估幅度为 0.66%。这一阶段我国经济保持较快增速，人民币升值预期较强，资本大量流入，推动人民币长期均衡汇率上行，使人民币实际有效汇率出现低估。

第二阶段：2008Q3—2009Q2，历时 4 个季度，人民币实际有效汇率高估，平均高估幅度为 5.83%。这一阶段，国际金融危机爆发，我国进出口贸易大幅下降，经济增速明显回落，但这一时期人民币兑美元汇率保持稳定，导致人民币实际有效汇率高估。

第三阶段：2009Q3—2012Q4，历时 14 个季度，人民币实际有效汇率总体低估，平均低估幅度为 1.86%。这一阶段，我国经济在大规模刺激政策的作用下快速复苏，人民币国际化使境外的人民币需求迅速增加，这些因素推动人民币长期均衡汇率上行，使人民币实际有效汇率出现低估。其间，2010 年 6 月19 日，中央银行开始进一步推进人民币汇率形成机制改革。

第四阶段：2013Q1—2014Q4，历时 8 个季度，人民币实际有效汇率总体高估，平均高估幅度为 1.56%。这一阶段，美国经济复苏力度不断增强，并在 2014 年 10 月完全退出量化宽松货币政策，政策重点转向择时加息，我国资本出现明显流出，同时我国经济增速进一步放缓，使人民币实际有效汇率出现高估。

2010 年 6 月进一步改革人民币汇率形成机制（同月跨境人民币结算试点扩大）以来，人民币实际有效汇率相对长期均衡汇率的失调幅度只有两个季度超过 4%，多数季度保持在 3% 以内，季度平均失调幅度为 0.44%，对低估季度的失调幅度取绝对值后季度平均失调幅度为 2.25%，说明人民币实际有效汇率基本处于均衡水平。

四、人民币均衡汇率的误差修正模型

在人民币均衡汇率方程（5-2）的基础上，可以进一步建立人民币实际有效汇率的误差修正模型，来确定各基本经济变量在短期内是如何作用于人民币实际有效汇率的，以及人民币实际有效汇率是否具备误差修正机制。设方程（5-2）的残差为 e_t，可以建立人民币实际有效汇率的误差修正模型为

$$\Delta LREER_t = C + \Delta LPROD_t + \Delta LTOT_t + \Delta LOPEN_t + \Delta LGE_t + \Delta LRMB_t + \Delta IRS_t +$$
$$e_{t-1} \tag{5-6}$$

对式（5-6）进行普通最小二乘法估计，依次去掉不显著的变量，最后得到人民币实际有效汇率的误差修正模型为

$$\widehat{\Delta LREER_t} = 0.238586\Delta LTOT_t - 0.074045\Delta LOPEN_t - 0.056544\Delta LGE_t -$$
$$0.42927e_{t-1}$$

t 值：　　　　3.008　　　　　-2.841　　　　　-3.189　　　　　-2.576

$R^2 = 0.334$　　　$DW = 1.230$ $\tag{5-7}$

由式（5-7）可以看出，误差修正项的系数显著为负，表明变量间的协整关系是稳定的，人民币实际有效汇率与其长期均衡值的偏差中的约43%（0.42927）被修正，人民币汇率自身具备较强的误差修正机制。从短期看，贸易条件变动的当期值对人民币实际有效汇率产生正向冲击，贸易开放度变动和政府支出变动的当期值对人民币实际有效汇率产生负向冲击。

本章小结

本章主要研究了人民币均衡汇率的测算及人民币实际有效汇率的失衡程度，结果表明人民币国际化（离岸人民币资产规模）对人民币实际有效汇率变化产生了显著影响，人民币国际化以来人民币实际有效汇率基本处于均衡水平。

第一节比较了购买力平价方法、宏观经济均衡方法、均衡汇率方程方法三类均衡汇率测算方法，简述了新中国成立以来人民币均衡汇率研究的历史。

第二节对人民币国际化时期的均衡汇率进行了测算。根据学者已有的研究成果和人民币国际化以来对汇率产生影响的新因素，选择中美相对劳动生产率、贸易条件、贸易开放度、政府支出、离岸人民币资产规模、境内外利差作为基本经济变量，将其与人民币实际有效汇率进行协整分析。结果显示，6个基本经济变量系数均显著。其中，离岸人民币资产规模每扩大1%，将使人民币实际有效汇率升值0.02%。

第三节对人民币实际有效汇率的失调程度进行了测算和分析。测算结果表明，2010年6月跨境人民币结算试点扩大（标志着人民币国际化步伐加快，同

月央行进一步改革人民币汇率形成机制）以来，人民币实际有效汇率基本处于均衡水平。人民币实际有效汇率的误差修正模型显示，人民币实际有效汇率自身具备较强的误差修正机制。

本章实证分析结果表明，人民币国际化对实际汇率产生了显著影响，人民币实际有效汇率基本处于均衡水平，且具有较强的误差修正机制。下一章将以前文人民币名义汇率决定研究及本章的研究结论为基础，提出人民币国际化时期人民币汇率管理的策略和措施。

第六章 人民币国际化进程中汇率管理的策略和措施

目前，我国实行以市场供求为基础、参考一篮子货币进行调节、有管理的浮动汇率制度。其包括三个方面的内容：一是以市场供求为基础的汇率浮动，发挥汇率的价格信号作用；二是根据经常项目主要是贸易平衡状况动态调节汇率浮动幅度，发挥"有管理"的优势；三是参考一篮子货币，即从一篮子货币的角度看汇率，不片面地关注人民币与某个单一货币的双边汇率。该汇率制度是适合目前我国的经济发展实际的。

本章将以我国现行的人民币汇率制度为基础，根据前文对人民币国际化进程中名义汇率和实际汇率决定因素的计量分析结果，以及人民币实际汇率基本处于均衡水平的现状，借鉴主要国际货币国际化期间汇率变化的特点，结合人民币汇率管理制度的内容和人民币国际化的战略需要，从人民币汇率管理的意义、目标、策略、措施等方面对人民币国际化进程中汇率的管理进行了具体分析，并提出相应的政策建议。

第一节 人民币国际化进程中汇率管理的意义和目标

一、人民币汇率管理的意义

从前文分析可知，人民币国际化以来人民币名义汇率波动幅度明显扩大，双向波动已成为汇率运行的新常态，跨境人民币净支付、境内外利差成为影响人民币名义汇率波动的主要因素。因此，在人民币国际化进程中对汇率进行有效管理，使其保持合理均衡水平上的相对稳定，对经济内外均衡发展和人民币国际化进程具有重要意义。

一是促进宏观经济稳定、协调、可持续发展。汇率不仅具有比价属性，而且具有杠杆属性，其对宏观经济内外均衡发展具有重要影响。随着我国经济总量和对外净资产位居世界第二位，外汇敞口规模不断扩大，汇率变动对我国宏观经济和居民经济福利的影响越来越大，所以需要保持人民币汇率在合理均衡水平上的基本稳定，以促进宏观经济的稳定、协调、可持续发展。

二是促进人民币国际化进程。人民币国际化从根本上讲是一个市场推动的过程，但回顾主要国际货币国际化期间汇率变动的历史可以发现，汇率对一国货币国际化进程具有重要影响。人民币国际化期间对于汇率需要在市场决定基础上进行一定的有效管理，以促进人民币国际化进程。

二、人民币汇率水平的总体判断

从国际收支平衡、市场汇率走势、汇率走向趋势、计量分析结果等多项标准看，人民币实际有效汇率已处于基本均衡水平，未来一段时期将在基本均衡水平上维持富有弹性的波动态势。

国际收支平衡是人民币汇率均衡的外部基础。国际公认的国际收支平衡标准是经常项目差额与 GDP 之比在 4% 以内，此时的汇率也基本处于均衡水平。我国国际收支的经常项目顺差与 GDP 之比从 2010 年以来一直保持在国际认可的 4% 的国际收支平衡标准以内，2010 年至 2014 年该比例分别为 3.9%、1.8%、2.5%、1.9%、2.1%，近两年基本保持在 2% 左右。说明从国际收支角度看，人民币汇率已处于基本均衡水平。

从名义汇率市场走势看，人民币兑美元即期汇率从 2010 年进一步推进人民币汇率形成机制改革以来，2010 年至 2013 年保持年度持续升值态势，2014 年出现年度贬值，且 2014 年人民币贬值幅度 2.4% 与 2013 年人民币升值幅度 2.9% 基本相当。人民币出现升、贬值交替的年度走势以及 2012 年年中升、贬值交替的季度走势，说明从外汇市场供求看，人民币汇率已进入均衡区间，动态趋向合理均衡汇率水平的机制逐步形成。

从人民币汇率走向趋势看，人民币无明显的升值或贬值压力。一方面，我国经济增速由之前的高速增长进入中高速增长阶段，经济增速放缓使劳动生产率增速放缓，劳动力成本上升和人口结构逐渐步入老龄化将使贸易顺差产生趋势性下降，对外负债中占比较最高的直接投资若按市值法估值将使对外净资产明显减少，资本输出进入较快增长期，这些因素说明人民币不存在明显的升值压力。另一方面，我国经济增速依然为主要经济体中最高，外商直接投资增长使加工贸易顺差增长，外汇储备规模大，对外净资产稳居第二位，跨境人民币结算净支付规模持续扩大，境外投资者对人民币需求稳步增长，境内外保持正向利差仍将吸引资本流入，这些因素说明人民币也难以出现明显和持续的贬值压力。所以，目前人民币汇率处于一种基本均衡的水平。

从实际有效汇率计量模型分析结果看，人民币实际有效汇率失衡幅度较小，且具备较强的误差修正机制，说明人民币实际有效汇率基本处于均衡水平。

三、人民币汇率管理目标和操作目标的匹配

从管理目标看，由于影响宏观经济内外均衡的汇率指标为实际有效汇率，所以，人民币汇率管理的目标应为保持实际有效汇率在均衡水平上的基本稳定。在实践中，未包括通胀差异调整的名义有效汇率更为适用，其原因，一是实际有效汇率的调整指数（即不同国家可比物价指标）很难确定，二是计算实际有效汇率存在时间滞后和数据可得性的约束。所以，人民币汇率管理的目标就是在人民币实际有效汇率基本均衡的背景下，管理好名义有效汇率因为跨境人民币净支付波动、境内外利差变动、市场主体心理预期改变、主要国际货币发行国货币政策变化所产生的异常波动，使人民币名义有效汇率保持合理均衡水平上的基本稳定。

从操作目标看，由于我国外汇即期市场上人民币对美元交易占比在90%以上，所以人民币汇率管理的操作目标只能是人民币兑美元汇率。而作为管理目标的人民币名义有效汇率是根据贸易权重将人民币兑各个贸易伙伴国（地区）

货币汇率加权平均计算得到，反映了与我国对外贸易相关的汇率条件。国际清算银行编制的人民币名义有效汇率中人民币兑美元汇率的权重仅为19%。保持境内外汇市场人民币兑美元汇率的基本稳定难以保持人民币名义有效汇率的基本稳定，对人民币名义有效汇率管理缺乏有效抓手，即存在"管理目标与操作目标不匹配"的难题。

通过扩大人民币兑美元汇率波动幅度解决汇率管理目标和操作目标不匹配的难题。根据第四章对人民币名义有效汇率决定计量分析的结果，人民币名义有效汇率在很大程度上由人民币兑美元汇率决定，所以可通过在保持人民币兑美元汇率基本稳定的前提下，进一步扩大人民币兑美元汇率的波动幅度，增强汇率双向波动的弹性，来解决人民币汇率管理的管理目标与操作目标不匹配的难题。即通过人民币兑美元汇率具有一定幅度的双向波动发挥汇率的杠杆作用，对宏观经济内外均衡产生积极影响，进而使人民币名义有效汇率趋于基本均衡水平。

第二节　人民币国际化进程中汇率管理的策略

总体来看，人民币国际化需要人民币汇率相对稳定且保持一定的升值潜力，所以应通过改革提高经济增长效率和劳动生产率，不断增强人民币币值稳定的经济基础。根据人民币汇率已基本处于均衡水平、人民币国际化所需要的汇率环境，人民币国际化进程中汇率管理应采取"分阶段实施不同浮动幅度管理"的策略，在人民币国际化的初级阶段和高级阶段分别采取不同的浮动幅度，既保持人民币汇率在合理均衡水平上的充分弹性，又有利于促进人民币国际化进程。

从人民币国际化不同阶段人民币资产的属性不同看，人民币国际化期间人民币汇率的管理也应该采取不同的管理策略。在人民币国际化初级阶段，人民币资产体现出套利资产属性，这可以从近几年国际收支变化得到证明。近几年我国经常项目顺差变化不大，但汇率升幅较大，且年度间或季度间资本和金融项目时常出现顺差和逆差交替现象，人民币汇率时常出现升值走势和贬值走势的交替，说明跨境资本更多是追逐利差和人民币升值收益。在人民币国际化高级阶段，人民币资产具备了避险资产属性，在国际金融市场动荡时国际资本会选择持有人民币资产，进而推动人民币汇率上行。人民币国际化的阶段不同，其汇率变化的逻辑不完全相同，所以应分阶段实施不同的人民币汇率管理策略。

一、人民币国际化初级阶段的汇率管理策略

人民币国际化的初级阶段，是指人民币国际化使用主要集中在贸易和投资计价交易阶段。这一阶段，人民币国际化的保证是我国充足的外汇储备、人民币币值稳中有升，以及市场主体相信其手中的人民币能够及时足额兑换为美元。这一阶段，资本项目尚未完全实现可兑换，人民币汇率管理应采取保持人民币兑美元汇率相对稳定、逐步放宽汇率波动幅度的策略，以促进国际化进程和实体经济发展。

根据前文对人民币兑美元汇率决定因素的分析，可根据跨境人民币净支付规模及境内外利差水平设定人民币汇率波动幅度，建议将人民币兑美元汇率年度目标波动幅度设在与境内外利差基本一致的水平上，以增强人民币汇率弹性，与日益开放的资本流动形势和不断扩大的资本流动规模相适应。因为根据利率平价理论，远期汇率贬值幅度与本外币利差基本一致，我国跨境资本流动将随着资本项目的更加开放而趋近利率平价理论，所以人民币汇率年度波幅保持在与境内外利差基本一致的水平上，有利于市场预期的稳定。这一阶段的人民币汇率走势类似德国马克国际化时期汇率稳中有升的走势。

二、人民币国际化高级阶段的汇率管理策略

人民币国际化的高级阶段，是指人民币在跨境贸易和投资交易，以及第三国之间广泛使用，且充当主要储备货币的阶段。这一阶段，人民币国际化的保证是我国强大的经济实力以及具有相当广度、深度和开放度的在岸金融市场。这一阶段，资本项目已基本实现完全可兑换，人民币汇率应采取自由浮动策略，但仍应对汇率超调适时进行管理，防范大规模投机交易对汇率产生的异常波动

风险。

这一阶段人民币汇率管理呈现主要国际货币发行国的特征。在人民币国际化高级阶段，"特里芬难题"风险开始显露，应保持经常项目小幅盈余，通过资本项目输出人民币，做到在输出人民币的同时维持对外净债权，提高投资收益，以保持人民币币值稳定。

第三节 人民币国际化进程中汇率管理的措施

根据前文对人民币国际化进程中汇率决定的研究结论，以及对人民币国际化进程中汇率管理目标和管理策略的分析结果，现阶段的人民币汇率管理应在汇率指数编制、汇率水平管理、国际收支管理、资本项目可兑换、汇率形成机制改革、外汇市场建设、外部政策协调等方面采取一定的措施，以促进人民币国际化进程中汇率管理策略和管理目标的实现。

一、编制人民币名义和实际有效汇率指数

人民币汇率管理的目标是人民币实际有效汇率和名义有效汇率，而目前我国尚未编制这两个汇率指数。学者或市场投资者分析人民币有效汇率时一般采用国际清算银行和国际货币基金组织编制的人民币有效汇率指数。由于国内尚未编制人民币有效汇率指数，一定程度上加强了市场主体更加关注人民币兑美元双边汇率，而不是关注人民币汇率制度中所参考的一篮子货币汇率。

目前国际货币基金组织和国际清算银行计算的有效汇率，主要以贸易作为权重，显然已不适合人民币国际化进程中外汇供求的真实情况。建议人民银行根据我国国际收支中贸易、收益、投资、外债等项目综合确定人民币有效汇率中外币币种权重，编制并公布人民币有效汇率指数。根据贸易相关性编制不同口径的人民币有效汇率指数，对主要货币可提高相关指数权重的调整频度和监测与公布的频度，对相对外围的货币则可根据成本效益原则，采用更低的权重更新频度和指数发布频度。

编制并定期公布人民币名义有效汇率，可以引导公众通过人民币名义有效

汇率来判断人民币汇率水平，改变过去主要关注人民币兑美元双边汇率的习惯，使公众对汇率的判断和经济行为的调整转移到与货币当局相一致的轨道上来。货币当局也要逐渐把有效汇率水平作为人民币汇率水平的参照系和调控的参考。

编制人民币实际有效汇率，可以分析人民币汇率是否处于均衡水平，并针对其高估或低估采取一定的调整措施，使人民币实际有效汇率趋于合理均衡水平，促进宏观经济内外均衡发展。

二、推动人民币实际有效汇率动态趋近均衡汇率水平

我国若能保持中高速经济增长，则人民币实际有效汇率还会保持升值趋势。但人民币实际有效汇率升值不直接对应人民币名义汇率的升值。从理论角度看，人民币实际汇率升值既可以通过名义汇率的变动来实现，也可以通过实体经济调整来实现。具体看有以下路径：名义汇率调整、相对物价上涨、名义汇率升值和相对物价上升的某种组合、提高劳动力报酬水平、提高企业的环保及资源使用成本。应通过名义汇率有弹性的基本稳定和实体经济的结构改革来共同推动人民币实际有效汇率动态趋近均衡汇率水平。

（一）保持人民币名义汇率在合理均衡水平上的基本稳定

人民币汇率管理的目标是保持人民币汇率在合理均衡水平上的基本稳定。鉴于均衡汇率水平的决定机制复杂，人民币汇率水平调整必须慎之又慎。在市场逐渐发挥对经济的决定性作用，生产要素价格市场化程度不断提高，人民币汇率弹性不断增强的经济背景下，可以主要根据经常项目差额与 GDP 之比保持在 4% 以内的国际公认均衡标准，以及市场汇率有升有贬的市场均衡标准来判断人民币汇率是否处于均衡水平。目前人民币实际汇率已处于均衡区间，则应稳定币值预期，保持人民币名义汇率的基本稳定。

已有的研究表明，在推动本币国际化的进程中，增加汇率的弹性是重要的，但是，汇率波动性过大将不利于本币国际化，中央银行维持汇率的相对稳定依然是重要的，也是必要的。

从德国马克和日元国际化进程中汇率的走势看，币值稳定有利于货币的国

际化。德国在马克国际化期间，坚持国内经济目标优先，通过资本输出缓解德国马克的升值压力，通过主动、渐进、可控升值使德国马克汇率趋于均衡水平，通过控制通胀水平保持德国马克对内币值稳定，德国马克逐渐成为居世界第二位的国际货币。而日元在国际化期间，币值大幅波动，降低了对出口商及国际投资者的吸引力，影响了日元的国际化，日元的国际货币地位居第三位，未能达到其经济总量在世界居第二位的水平。

从人民币汇率波动的形成原因看，在目前人民币汇率基本处于合理均衡水平的背景下，人民币汇率的波动主要是因为跨境人民币净支付变动、境内外利差变化、人民币升值预期改变、主要国际货币发行国货币政策转向而产生，并非实体经济或均衡实际汇率出现显著变化，所以有必要对汇率的大幅异常波动进行管理。此外，在人民币国际化初级阶段，离岸市场人民币汇率风险管理工具有限，人民币汇率风险管理难度的增加会降低境外企业对人民币使用的意愿。保持人民币汇率在合理均衡水平上的基本稳定，可以促进宏观经济平稳运行和人民币国际化进程。

保持人民币汇率基本稳定需要管理好人民币币值预期，防范跨境资本流动转向导致的人民币汇率大幅异常波动风险。从前文分析结论可以看出，证券投资和其他投资收支差额变化基本决定短期人民币汇率走势。证券投资和其他投资收支受人民币汇率预期的影响较大，人民币升值预期促使证券投资和其他投资资金净流入，人民币贬值预期促使证券投资和其他投资资金净流出。所以，在人民币汇率基本处于均衡水平的前提下，需要稳定人民币币值预期，以防范跨境资本流动转向带来的人民币汇率大幅异常波动风险。

保持人民币汇率基本稳定需要进一步增强人民币汇率弹性。在人民币汇率基本稳定前提下，进一步增强人民币汇率弹性，可以使汇率发挥对经济的调节作用，其本身也会更加接近均衡水平。

（二）通过实体经济结构改革促进人民币实际汇率动态趋近均衡汇率水平

在增强人民币名义汇率弹性的同时，应加快结构改革，使市场力量在人民币实际汇率变动中发挥全面的决定性作用。一是形成合理有序的收入分配格局。进一步提高劳动报酬在初次分配中的比重，努力实现劳动报酬增长和劳动生产率提高同步。完善最低工资和工资支付保障制度，努力缩小城乡、区域、行业收入分配差距。二是强化经济发展中的环保和资源约束，使资源的使用成本更加合理，使企业承担污染的社会成本。三是根据"巴拉萨—萨缪尔森效应"，应大力提高服务业、特别是生产性服务业的劳动生产率，缓解人民币升值压力。

不能以汇率调整代替结构改革。汇率超调并不符合我国根本利益，应理顺生产要素价格，提高创新驱动能力，在生产要素价格调整到位的基础上再考虑通过汇率调整实现内外均衡。压低生产要素价格，过于追求经济增长速度，其实质是将国民财富存量变流量，延误经济结构调整时机，浪费红利渐失的人力资源，最终导致经济增长的失速。

三、进一步完善国际收支的币种和结构管理

对人民币名义汇率决定研究的结果表明，跨境人民币净支付已成为影响人民币汇率波动的重要因素，其中不乏套利需求引致的汇率波动，需要通过加强跨境人民币业务管理和在岸离岸市场同步发展来减少跨境人民币净支付套利需求对汇率的超调影响。经常项目顺差是保持人民币汇率长期稳定的重要支撑，应改善国际收支结构，以促进国际收支平衡和经常项目顺差的可持续，进而稳定人民币汇率。

（一）对本外币跨境收支实施一体化管理

跨境人民币净支付已成为影响人民币名义汇率的重要因素，离岸人民币市场规模对人民币实际有效汇率也存在显著影响。跨境人民币净支付发展迅速的部分原因是人民币跨境收支没有外汇跨境收支管理严格，如人民币跨境贸易融资不计入企业短期外债指标，这不利于国际收支和人民币汇率的稳定。所以，应对本外币跨境收支采取统一的管理措施，消除利用本外币管理标准不一致产生的监管套利，防范国际收支和人民币汇率异常波动风险。

随着人民币国际化的推进，离岸市场会保持较快的发展速度。应加快发展

在岸外汇市场，使境内外汇市场牢牢掌握人民币汇率的定价权。同时，根据资本项目可兑换的进展，适时打通在岸和离岸人民币市场，逐步消除两个市场的人民币汇率差异，使跨境人民币结算基本完全反映人民币的交易需求，逐步消除套利需求对人民币名义汇率的超调影响。

（二）加大直接投资资本输出力度，进一步改善国际收支结构和对外资产结构

目前，我国对外资产中，占比最高的是收益率较低的储备资产，收益率较高的直接投资、证券投资占比较低，而对外负债中付息率较高的直接投资占比最高，这样的对外资产负债结构直接导致了我国国际收支平衡表中的收益项目差额持续为负值，不利于维持经常项目顺差，进而不利于稳定人民币汇率。

应加大直接投资资本输出力度，改善对外资产结构和国际收支结构。2014年，我国已成为实质上的直接投资资本净输出国，未来随着"一带一路"倡议的实施及其他"走出去"战略的实施，直接投资资本输出规模会较快增长，这会改善我国的对外资产结构，提高对外资产的收益率水平，增加经常项目顺差，在未来贸易顺差下降时维持经常项目顺差规模，进而维持人民币汇率的稳定。从国际收支平衡角度看，比较理想的是经常项目顺差和资本项目逆差的结合。直接投资资本输出一方面可以增加资金流出，促进国际收支平衡，另一方面可以增加经常项目顺差，形成有利于国际收支平衡和人民币汇率稳定的国际收支结构。

目前可在稳妥前提下加大通过资本项目输出人民币的力度，包括对外直接投资、扩大对外人民币贷款规模等。这样做的好处，一是可以扩大对外净资产，改善国际收支结构和对外金融资产结构；二是该种资本输出以人民币形式输出，在目前外汇供求基本均衡的背景下不会对外汇市场产生购汇压力，不会对人民币汇率产生贬值压力；三是通过外方人民币债务增加使其出口更多采用人民币结算，促进人民币国际化进程。

四、积极、有序、稳妥推进资本项目可兑换

推进资本项目可兑换可以释放实体经济的外汇供给和需求，会形成真正反

映实体经济外汇供需的完整市场，有了这个市场才可以形成市场决定的均衡汇率。同时，人民币国际化也需要根据经济金融发展情况，适时提高资本项目可兑换程度。因此，应积极、有序、稳妥地推进资本项目可兑换。

积极推进资本项目可兑换。总体来看，逐步实现人民币资本项目可兑换符合国家长远利益。我国已是高度开放的大国经济，开放度高，需要有大国思维，大国经济需要逐步实现资本项目可兑换。建立具有一定深度和规模的境内金融市场，使境外人民币资产持有者充分参与进来也是人民币国际化迈向高级阶段的必要条件。从转变经济发展方式、建设国际金融中心、加快人民币国际化进程、实施"走出去"战略等战略利益考虑，也应积极推进资本项目可兑换，这也是党中央从十四届三中全会提出"逐步使人民币成为可兑换货币"以来一以贯之的政策目标。人民币国际化进程必须与中国在国际贸易和投资中的地位相适宜，根据经济和金融发展实际进一步推进资本项目可兑换，可以对海外众多国家中央银行增持人民币资产形成巨大的推动力，必将进一步促进人民币国际化进程。

有序推进资本项目可兑换。一般认为，资本项目可兑换应按照先放松流入，后放松流出；先放开直接投资，后放开证券投资和其他投资；先放开长期资本流动，后放开短期资本流动；先放开对金融机构的管制，后放开对非金融机构和居民个人的管制；先放开有真实背景的交易，后放开无真实背景的交易的先后顺序。目前，我国资本项目中已实现部分可兑换程度以上的项目占80%。人民币国际化并不必然以资本项目完全可兑换为前提，资本项目基本可兑换即可。资本项目可兑换程度应以中国经济金融安全为首要考虑，不能仅根据人民币国际化进程和需要来确定资本项目可兑换的进程。应根据经济和金融发展实际，有序推进资本项目可兑换。

稳妥推进资本项目可兑换。推进资本项目可兑换是一项系统工程，要从实际出发，循序渐进、统筹安排，资本项目可兑换要与经济发展水平、宏观调控和金融监管能力、金融市场发育程度、市场主体风险管理能力等协调推进。要防范风险、坚守底线，保留对债务类工具和证券类工具（含债券市场、衍生品交易）的适当管制，防止出现大的货币错配和期限错配。资本项目可兑换总体应有底线思维，这一底线就是资本项目顺差和逆差对宏观经济不会产生明显不利影响。境内金融市场规模大，则抵御跨境资本双向波动冲击的能力就强，跨境资本双向流动对宏观经济的影响就在可控范围之内。从 2014 年国际收支情况看，全年资本和金融项目逆差 5 939 亿元，与当年国内生产总值之比为 0.9%，这完全在宏观经济可以承受的范围之内，说明目前的资本和金融项目开放程度与经济发展程度是适应的。

加强外债和境外融资管理，建立宏观审慎的资本流动和外债管理体系。目前中、外资企业借用外债政策不同，管理部门多头，不符合市场经济的公平原则，也不符合宏观审慎原则。鉴于适时统一外债管理部门，调整外债管理方式，统一中外资企业外债政策，实施逆周期调节的宏观审慎管理，加强境外融资管理，将境外融资纳入社会融资规模统计。探索负面清单外债管理方式，列出不得使用的外债资金用途。

加强短期跨境资本流动监管。根据国际清算银行统计，2013 年全球外汇即期交易量超过 1 000 万亿美元，而当年国际货物、服务贸易量和跨境直接投资量合计约 40 万亿美元，全球外汇交易量远超贸易和直接投资规模，说明从全球看投机资本对外汇市场交易起着主导作用。因此，我国短期资本流动的开放程度应与金融市场的深度和弹性相匹配。从人民币兑美元名义汇率的决定模型可以看出，境内外利差变化是影响人民币汇率变动的重要因素。短期资本主要是追逐境内外利差和人民币升贬值收益的套利资金，对经济长远发展并无太大益处，其较为频繁的出现方向性的变化对国际收支平衡和经济稳定带来了负面影响，也会使人民币汇率出现过度的波动。资本项目日益开放必然带来短期套利资本的大规模流入或流出，为将其负面影响降至最低，可以考虑采用一些增加其投机成本的措施，如无息准备金、托宾税等。

资本项目可兑换程度是相对的。美英等已实现资本项目可兑换的国家，对直接投资、不动产和证券市场交易仍有一定限制（如欧美对 FDI 的安全审查制度）。在国家经济特别是金融部门受到资本流动冲击时，国家可针对跨境资本流动，采取宏观审慎措施和临时性的资本管制。资本项目可兑换是基于合法交易而言的，对洗钱、逃漏骗税等非法跨境交易或汇兑行为依然有明确的管制。资本管制是抵御危机的"防火墙"，可为抵御外部冲击发挥积极作用。

五、进一步改革人民币汇率形成机制

人民币国际化以来汇率波动性明显增强。随着人民币国际化的发展和跨境资本流动规模的扩大，外汇供求变化引致的汇率双向波动将成为人民币汇率运行的新常态。保持人民币汇率在合理均衡水平上的基本稳定，需要进一步改革人民币汇率形成机制，不断增强人民币汇率弹性。这也是人民币国际化初级阶段汇率管理策略的体现，也是使人民币汇率管理目标与操作目标相匹配的需要。

目前，人民币汇率趋近均衡合理水平的宏观与微观基础已基本具备，贸易盈余与人民币汇率升值之间的简单线性关系被打破。企业持汇意愿上升，市场汇率预期出现分化，加上中国经济增长相对优势在减弱、境内外利差趋于收敛，共同决定人民币汇率已经步入双向波动的均衡区间。这有利于人民币汇率市场化形成机制改革的进一步推进。

一是进一步增强人民币汇率弹性。在人民币实际有效汇率基本处于均衡水平的背景下，应保持人民币名义汇率的基本稳定，但需要增强人民币名义汇率的弹性。可以根据境内外利差水平，设立与之基本相当的年度汇率波动幅度，并根据人民币兑美元汇率日间波动情况，适时扩大人民币兑美元即期汇率的日间波动幅度，根据外汇供求状况适时增强人民币汇率弹性。

二是适时改进人民币兑美元汇率中间价形成机制。随着人民币汇率弹性的增强，以及市场主体汇率风险管理能力的提升，适时提高人民币兑美元汇率中间价的市场化形成程度，以进一步增强人民币兑美元汇率中间价的弹性，使其更能反映外汇市场供求状况。

三是中央银行退出对外汇市场的常态式干预，但应保留必要的市场化干预手段。2014年3月人民币兑美元汇率日间波动幅度扩大为2%的同时，中央银行宣称退出对外汇市场的常态式干预。从外汇占款变动看，2014年后三个季度中央银行基本未对外汇市场进行干预。由于人民币汇率已基本处于均衡水平，所以在人民币汇率出现异常大幅波动时，中央银行必须进行干预，但干预的渠道和方式应符合市场化要求。必要时可以采用以下手段进行干预。

首先，通过银行结售汇综合头寸政策调整，发挥对跨境资金流动的逆周期调节作用。2010 年末至 2011 年初出台收付实现制头寸管理措施，2013 年 5 月至 2014 年底出台结售汇综合头寸下限管理措施，两次头寸工具的运用就是在国家外汇管理局对外汇收支和结售汇数据全方位监测的基础上，有针对性地分别对远期结售汇业务和国内外汇贷款快速增长进行调控，起到了打击市场投机活动的预期效果，缓解了热钱流入和人民币升值压力。强调对银行主体的管理，提高了宏观调控的效果，结售汇头寸管理主要通过加强对银行主体的管理力度，进而传递至对企业行为的约束，在节约管理成本和难度的同时，起到牵一发而动全身的效果。

进一步将银行结售汇综合头寸培育成金融宏观审慎管理的重要政策工具。银行结售汇头寸管理在额度范围内，给予银行持有一定外汇头寸的自由度，同时通过对头寸限额的调整，抑制过度投机和跨境套利，通过其传递政策意图，调节外汇市场供求，对资金流动的逆周期调节效果显著。今后应结合人民币汇率形成机制改革和外汇市场开放的需要，从头寸涵盖范围、限额计算方法、头寸调节方式、头寸变动监测等环节入手，充实结售汇综合头寸工具的内容；从政策目标、工具操作等环节入手，完善结售汇综合头寸管理政策的传导机制，从而促进其成为调节跨境资金流动和外汇市场有效运行的重要手段。

其次，必要时对人民币兑美元中间价进行管理。人民币名义汇率在短期内出现大幅异常波动时，并不意味着实体经济或实际汇率出现异常或显著变化，更多是由于受到人民币币值预期改变、境内外利差变化、跨境人民结算净支付变动、主要国际货币发行国货币政策转向等影响，当汇率大幅异常波动影响到宏观经济金融安全时，中央银行可以直接干预人民兑美元汇率中间价的确定，以维护外汇市场交易秩序，稳定外汇收支形势，即对人民币兑美元中间价进行管理应作为危机管理措施。同时，中央银行和国家外汇管理局应加强国际收支、外汇市场等方面数据的透明度，加强与市场的沟通，及时进行数据解读，稳定市场参与者预期。

六、进一步加强外汇市场建设

随着离岸人民币市场的快速发展，境内外汇市场建设更应以只争朝夕的紧迫感，在稳健基础上从市场参与主体、市场产品、市场管理等多方面加快外汇市场建设，以形成更加接近于均衡水平的市场汇率。2014 年，中央银行和国家外汇管理局分别实施了扩大人民币波动幅度、结售汇条例改革、放松商业银行对客外汇牌价管制、取消对金融机构进入银行间外汇市场事前准入许可等多项改革措施，体现了希望进一步活跃外汇市场的意图。

强大而有效的国内金融市场是货币国际化的重要条件，加大外汇市场建设已成为当前人民币国际化的重要推动和影响因素。从人民币汇率定价权的角度看，若境内外汇市场发展慢于境外市场，境内外汇市场可能失去人民币汇率的定价权。未来，中央银行和国家外汇管理局应继续坚持市场导向性的外汇市场改革，在以下几个方面进一步取得突破。

一是逐步放松交易管制，丰富外汇市场的交易工具。完善远期、掉期和期权外汇衍生产品的市场功能，更好地满足各类交易主体多样化的交易需求。目前的外汇交易实行实需原则，很容易出现市场预期"一边倒"的情况。根据人民币汇率形成机制改革和资本项目可兑换进程，在适当的时候可以突破实需原则，使市场交易更加活跃，增强市场的价格发现功能。

二是逐步增加交易主体，扩大外汇市场开放。目前参与人民币汇率形成的市场主体主要是 400 多家银行和财务公司的会员，应进一步增加外汇市场交易主体的数量和种类。积极推进外汇市场的双向开放。一方面，支持境内银行为境外机构和个人提供人民币外汇买卖的服务，吸引更多符合条件的境外机构参与银行间外汇市场交易；另一方面，可允许境内金融机构适当参与境外人民币外汇市场。通过外汇市场的双向开放，促进形成全球的人民币市场。

三是开展持续的投资者风险教育。在人民币单边升值时期，许多企业参与外汇交易的目的不是避险，而是获取财务收益。但 2014 年人民币兑美元汇率的双向波动及年度贬值走势，使一些前期利用外汇交易获利的企业损失惨重，汇率运行态势的改变对外汇市场的交易主体是一次生动的风险教育。要进一步加强对投资者的风险教育，引导市场主体树立正确的汇率风险意识，积极管理汇率双向波动的风险，对外汇敞口进行适度套保而避免过度投机。

七、加大汇率政策的国际协调力度

德国马克和日元国际化期间的汇率走势都受到了核心国际货币发行国美国货币政策转向的巨大影响，因此，人民币国际化进程中必须要高度关注美国货币政策的变化，加强与美国等主要国际货币发行国货币政策的协调力度。同时，人民币国际化的基础是人民币的周边化，因此应加大与周边国家汇率政策的协调力度。汇率政策国际协调的目的是保持人民币汇率在合理均衡水平上的基本稳定，防范汇率异常波动风险，促进人民币国际化进程。

（一）加强与美国等主要国际货币发行国货币政策的协调力度，采取必要措施应对其政策变化

人民币目前是世界第五大交易货币，但是在储备货币方面还有很大欠缺，且尚未进入 SDR 货币篮子。当人民币进一步达到日元、欧元的货币地位时，势必会在各个领域与美元进行激烈竞争，与美元汇率政策的协调将成为必须要面对的课题。美元由于是核心国际货币，其汇率政策发挥效力的主要渠道，一是迫使他国汇率升值，二是通过低利率使美元流出，热钱流入他国，使他国货币升值，或者提升利率使境外资金回流，使他国货币贬值。20 世纪 80 年代资金回流美国、2008—2013 年资金流入他国、2014 年资金回流美国都印证了这个模式。为了给人民币国际化创造适宜的国际化环境，应进一步增加人民币汇率的弹性，提高商品生产的环保标准，加入全球统一贸易和投资规则的制定中，树立负责任大国的国际形象，加大与美国等主要国际货币发行国汇率政策协调的力度。

建立宏观审慎的跨境资本和外债管理框架，应对美国货币政策的变化。在美国宽松货币政策时期，应加大短期跨境资本的管理力度，减轻大量短期跨境资本流入对汇率产生的升值压力。在美国收紧货币政策时期，应保持人民币汇率在合理均衡水平上的基本稳定，防范人民币汇率因跨境资本流动偏流出而产生的大幅异常波动风险。

（二）加强与周边国家汇率政策的协调力度，促进人民币国际化进程

人民币国际化的基础是人民币使用的周边化。应利用中国经济处于上升期

的有利时机，通过与东盟、金砖国家、"一带一路"国家的经济合作，加强与这些国家汇率政策的协调力度，夯实人民币使用周边化的基础，进而促进人民币的国际化。首先，利用我国对东盟等国家的贸易逆差格局，促使这些国家更多使用人民币进行贸易和投资，增强其持有人民币资产的意愿，并通过货币互换等制度性安排，为这些国家使用人民币提供支持。其次，可通过保持人民币兑美元以及这些国家货币汇率的基本稳定或联动性，降低持有人民币资产主体的汇率风险，促进双方在贸易中互相使用对方的货币，也有助于互换协议的长期稳定和发展。

本章小结

本章根据前文对人民币汇率决定因素的计量分析结果，借鉴主要国际货币国际化期间汇率变化的特点，结合人民币汇率管理制度的内容和人民币国际化的战略需要，提出了人民币国际化进程中汇率管理的意义、目标、策略、措施。

第一节阐述了人民币国际化进程中汇率管理的意义、目标。人民币国际化进程中汇率管理应促进宏观经济稳定、协调、可持续发展，促进人民币国际化进程。在用多个标准判断人民币汇率基本处于均衡水平的基础上，提出人民币汇率管理的目标是保持人民币有效汇率在合理均衡水平上的基本稳定。银行间外汇市场上人民币兑美元交易占很大比重，汇率管理的操作目标只能是人民币兑美元汇率，使得管理目标与操作目标不匹配，应通过进一步加大人民币兑美元汇率的波动幅度来实现人民币汇率管理目标与操作目标的匹配。

第二节阐述了人民币国际化进程中汇率管理的策略。提出应采取"分阶段实施不同浮动幅度管理"的策略，人民币国际化的初级阶段应采取保持人民币兑美元汇率相对稳定、逐步放宽汇率波动幅度的策略，人民币国际化的高级阶段应采取汇率自由浮动的策略。其中，建议人民币国际化初级阶段人民币兑美元汇率的年度波动幅度确定在和境内人民币与境外美元利差基本一致的水平上，以适应跨境资本流动规模日益扩大和资本流动转向显著影响人民币汇率变化的实际。

第三节根据前文研究结果，提出了现阶段应在汇率指数编制、汇率水平管理、国际收支管理、资本项目可兑换、汇率形成机制改革、外汇市场建设、外部政策协调等方面采取一定的措施，以促进人民币国际化进程中汇率管理策略和管理目标的实现。其中，在汇率水平管理方面，建议通过名义汇率有弹性的基本稳定和实体经济的结构改革来共同推动人民币实际有效汇率动态趋近均衡汇率水平。

全书研究至本章结束，按照"人民币国际化以来汇率决定处于新环境—人民币国际化对汇率的影响—人民币国际化进程中外汇供求的影响渠道—人民币汇率决定的计量分析—人民币实际汇率是否均衡—人民币汇率管理的策略和措施"这一主线对人民币国际化进程中汇率的决定和管理进行了研究。主要研究结论：人民币国际化对人民币汇率决定产生了显著影响；人民币国际化进程中应采取"分阶段实施不同浮动幅度管理"的策略；人民币汇率的管理目标和操作目标存在不匹配问题，应通过扩大人民币兑美元汇率的波动幅度来实现二者的匹配；现阶段人民币兑美元汇率的年度波动幅度可确定在和境内人民币与境外美元利差基本一致的水平上。

参考文献

［1］卜永祥，Rod Tyers. 中国均衡实际有效汇率：一个总量一般均衡分析［J］. 经济研究，2001（6）：21–32.

［2］曹彤，曲双石. 突破人民币国际化的瓶颈期［J］. 中国金融，2013（22）：73–75.

［3］陈蓉，郑振龙，龚继海. 中国应开放人民币 NDF 市场吗？［J］. 国际金融研究，2009（6）：80–89.

［4］池光胜. 人口老龄化与实际有效汇率的实证研究——基于全球 187 个国家 30 年数据的面板分析［J］. 金融研究，2013（2）：129–141.

［5］储幼阳. 人民币均衡汇率实证研究［J］. 国际金融研究，2004（5）：19–24.

［6］褚华. 人民币国际化研究［D］. 复旦大学博士论文，2009.

［7］崔历. 汇率政策转身正当时［J］. 财经，2014（12）：60–61.

［8］代幼渝，杨莹. 人民币境外 NDF 汇率、境内远期汇率与即期汇率的关系的实证研究［J］. 国际金融研究，2007（10）：72–80.

［9］丁志杰，郭凯，闫瑞明. 非均衡条件下人民币汇率预期性质研究［J］. 金融研究，2009（12）：91–98.

［10］傅章彦. 人民币实际汇率的决定、演变与失调研究［M］. 北京：中国金融出版社，2011：101–110.

［11］高铁梅等. 计量经济分析方法与建模 EViews 应用及实例（第二版）［M］. 北京：清华大学出版社，2009：40–41.

［12］谷宇，高铁梅，付学文. 国际资本流动背景下人民币汇率的均衡水平及短期波动［J］. 金融研究，2008（5）：1–12.

［13］管涛. 协调推进人民币离岸与在岸市场发展［J］. 中国金融，2013（17）：28–29.

［14］管涛. 迎接跨境资本双向冲击的挑战［N］. 上海证券报，2014–12–25.

［15］郭树华，王华，王俐娴. 中美利率与汇率联动关系的实证研究：2005—2008［J］. 国

际金融研究，2009（4）：17–24.

[16] 郭树清 . 人民币汇率与贸易经济［J］. 中国外汇管理，2004（9）：12–18.

[17] 国家外汇管理局国际收支分析小组 .2014 年中国跨境资金流动监测报告［R］. 国家外汇管理局网站，2015–02–15.

[18] 贺晓博，张笑梅 . 境内外人民币外汇市场价格引导关系的实证研究——基于香港、境内和 NDF 市场的研究［J］. 国际金融研究，2012（6）：58–66.

[19] 贺晓博 . 境外人民币 NDF 和境内人民币掉期之间关系的实证研究［J］. 国际金融研究，2009（6）：90–96.

[20] 胡春田，陈智君 . 人民币是否升值过度？——来自基本均衡汇率（1994—2008）的证据［J］. 国际金融研究，2009（1）：55–64.

[21] 胡晓炼 . 不断完善有管理的浮动汇率制度［J］. 中国金融，2010（15）：8–11.

[22] 胡晓炼 . 人民币汇率形成机制改革的成功实践［J］. 中国金融，2010（16）：11–12.

[23] 胡再勇 . 人民币均衡实际汇率及错位程度的测算研究：1960—2005［J］. 数量经济技术经济研究，2008（3）：17–29.

[24] 黄昌利 . 人民币实际有效汇率的长期决定：1994—2009［J］. 金融研究，2010（6）：34–44.

[25] 黄德胜 . 离在岸市场一体化与人民币国际化［J］. 中国金融，2012（9）：42–43.

[26] 黄万阳 . 人民币实际汇率错位测度、效应与矫正研究［D］. 东北财经大学博士论文，2005.

[27] 黄学军，吴冲锋 . 离岸人民币非交割远期与境内即期汇率价格的互动：改革前后［J］. 金融研究，2006（11）：83–89.

[28] 姜波克，李怀定 . 均衡汇率理论文献评述［J］. 当代财经，2006（2）：44–50.

[29] 姜波克，李天栋 . 人民币均衡汇率理论的新视角及其意义［J］. 国际金融研究，2006（4）：60–66.

[30] 姜波克，莫涛 . 人民币均衡汇率理论和政策新框架的再拓展——基于内部均衡和外部平衡的分析［J］. 复旦学报（社会科学版），2009（4）：12–21.

[31] 姜波克 . 国际金融新编（第五版）［M］. 上海：复旦大学出版社，2014：52–58，64–87.

[32] 姜波克 . 均衡汇率理论和政策新框架的再探索［J］. 复旦学报（社会科学版），2007（2）：41–49.

［33］姜波克.均衡汇率理论与政策新框架的三探索——基于自然资源角度的分析［J］.国际金融研究，2007（1）：53-62.

［34］蒋先玲，刘薇，叶丙南.汇率预期对境外人民币需求的影响［J］.国际金融研究，2012（10）：68-75.

［35］金中夏，陈浩.运用利率平价理论对主要货币汇率的分析［J］.金融研究，2009（8）：92-102.

［36］金中夏.论转轨时期均衡汇率形成机制［J］.经济研究，1996（3）：27-33.

［37］李超.人民币区域化问题研究［M］.北京：中国金融出版社，2011：30-36.

［38］李稻葵.人民币国际化道路研究［M］.北京：科学出版社，2013：14-15.

［39］李红岗，黄昊，叶欢.实际有效汇率：衡量方法与实践运用［J］.金融研究，2010（7）：181-193.

［40］李怀定.人民币均衡汇率与汇率变动的宏观经济效应研究［D］.复旦大学博士论文，2007.

［41］李祺.人民币均衡汇率单方程模型实证分析［J］.数量经济技术经济研究，2006（2）：24-31.

［42］李天栋.基本要素均衡汇率的逻辑结构与悖论——基于汇率杠杆属性对FEER的超越［J］.国际金融研究，2006（10）：49-54.

［43］李天栋.均衡汇率理论与人民币汇率政策研究［D］.复旦大学博士论文，2005.

［44］李晓峰，陈华.交易者预期异质性、央行干预效力与人民币汇率变动——汇改后人民币汇率的形成机理研究［J］.金融研究，2010（8）：49-66.

［45］李扬.在浮动汇率制下对汇率实施干预：智利的经验及对中国的启示［J］.国际金融研究，2007（5）：17-21.

［46］李泽广，Man-Wah Luke Chan.基本面因素与人民币均衡汇率［J］.统计研究，2012（5）：51-56.

［47］李正辉，范玲.人民币均衡汇率测算模型研究中的相关问题［J］.统计研究，2009（3）：17-22.

［48］李治刚.国际短期资本流动及其监管研究［D］.西南财经大学博士论文，2008.

［49］林伯强.人民币均衡实际汇率的估计与实际汇率错位的计算［J］.经济研究，2002（12）：60-69.

［50］刘莉亚，任若恩.人民币均衡汇率的实证研究［J］.统计研究，2002（5）：28-32.

［51］刘翔峰.主动掌握人民币汇率定价权［J］.中国金融，2013（11）：47-48.

［52］刘英.从国际经验看人民币国际化及金融改革路径［J］.IMI 国际货币评论，2014（7）：106-121.

［53］刘玉贵.人民币实际汇率失调的测度及其经济增长效应研究［D］.复旦大学博士论文，2009.

［54］刘振林.东亚货币合作与人民币汇率制度选择研究［D］.北京师范大学博士论文，2004.

［55］陆志明.外汇干预预期传导途径与宏观经济稳定研究［D］.复旦大学博士论文，2007.

［56］逯新红.人民币实际有效汇率基本处于均衡水平［J］.中国金融，2011（10）：64-65.

［57］马荣华.人民币国际化进程对我国经济的影响［J］.国际金融研究，2009（4）：79-85.

［58］潘省初.计量经济学中级教程［M］.北京：清华大学出版社，2012：245-248.

［59］秦宛顺，靳云汇，卜永祥.人民币汇率水平的合理性——人民币实际汇率与均衡汇率的偏离度分析［J］.数量经济技术经济研究，2004（7）：26-30.

［60］冉茂盛，陈健，黄凌云，黄萍.人民币实际汇率失调程度研究：1994—2004［J］.数量经济技术经济研究，2005（11）：45-50.

［61］沙文兵，刘红忠，人民币国际化、汇率波动与汇率预期［J］.国际金融研究，2014（8）：10-18.

［62］沈建光.离岸市场：迈向人民币国际化的基石［J］.中国金融，2011（14）：39-40.

［63］盛梅，袁平，赵洪斌.有效汇率指数编制的国际经验研究与借鉴［J］.国际金融研究，2011（9）：51-57.

［64］施建淮、余海丰.人民币均衡汇率与汇率失调：1991—2004［J］.经济研究，2005（4）：34-44.

［65］石巧荣.国际货币竞争格局演进中的人民币国际化前景［J］.国际金融研究，2011（7）：34-42.

［66］孙国锋，孙碧波.人民币均衡汇率测算：基于 DSGE 模型的实证研究［J］.金融研究，2013（8）：70-83.

［67］孙海霞.货币国际化条件研究——基于国际货币三大职能［D］.复旦大学博士论文，2011.

［68］孙鲁军.人民币国际化"亮牌"［J］.财经，2015（4）：98-101.

［69］孙茂辉.人民币自然均衡实际汇率：1978—2004［J］.经济研究，2006（11）：92-100.

［70］孙晓峰.购买力平价理论及其在中国的实证检验［D］.厦门大学博士论文，2007.

［71］唐旭，钱士春.相对劳动生产率变动对人民币实际汇率的影响分析［J］.金融研究，2007（5）：1-14.

［72］唐亚晖，陈守东.基于 BEER 模型的人民币均衡汇率与汇率失调的测算：1994Q1—2009Q4［J］.国际金融研究，2010（12）：29-37.

［73］王爱俭，林楠.人民币名义汇率与利率的互动关系研究［J］.经济研究，2007（10）：56-66.

［74］王琛.人民币区域化问题研究［D］.中央财经大学博士论文，2008.

［75］王桂贤.人民币汇率制度效率研究［D］.辽宁大学博士论文，2010.

［76］王世华.资本账户自由化对中国经济稳定的影响［D］.中国社会科学院研究生院博士论文，2007.

［77］王维国、黄万阳.人民币均衡实际汇率研究［J］.数量经济技术经济研究，2005（7）：3-13.

［78］王信.西德马克可兑换和国际化历程及其启示［J］.中国金融，2009（16）：65-67.

［79］王义中.人民币内外均衡汇率：1982—2010［J］.数量经济技术经济研究，2009（5）：68-79.

［80］王泽填，姚洋.人民币均衡汇率估计［J］.金融研究，2008（12）：22-35.

［81］吴建涛.人民币汇率制度改革的政策效果和经济影响研究［D］.南开大学博士论文，2010.

［82］吴丽华，王锋.人民币实际汇率错位的经济效应实证研究［J］.经济研究，2006（7）：15-27.

［83］吴念鲁，杨海平、陈颖.论人民币可兑换与国际化［J］.国际金融研究，2009（11）：4-12.

［84］吴念鲁.人民币汇率研究（修订本）［M］.北京：中国金融出版社，2002：191-195.

［85］吴念鲁.中国外汇储备研究——考量与决策［M］.北京：中国金融出版社，2014：50-58.

［86］吴念鲁.中国应对世界经济挑战的思考——金融热点再探析［M］.北京：中国金融出版社，2009：175-193.

［87］吴晓芹.人民币国际化研究［D］.西南财经大学博士论文，2011.

［88］伍戈，裴诚.境内外人民币汇率价格关系的定量研究［J］.金融研究，2012（9）：62-73.

［89］夏斌.国际货币体系缓慢变革下的人民币国际化［J］.中国金融，2011（15）：55-56.

［90］肖红叶，王莉，胡海林.人民币均衡汇率决定机制及其影响因素的作用分析——基于行为均衡汇率估算模型分析技术改进的研究［J］.统计研究，2009（3）：3-7.

［91］徐国祥，杨振建，郑雯.人民币汇率指数编制及其与宏观经济变量的联动分析［J］.统计研究，2014（4）：39-50.

［92］徐奇渊、刘力臻.人民币国际化进程中的汇率变化研究［M］.北京：中国金融出版社，2009：60-68.

［93］徐晟，韩建飞，曾李慧.境内外人民币远期市场联动关系与波动溢出效应研究——基于交易品种、政策区间的多维演进分析［J］.国际金融研究，2013（8）：42-52.

［94］许祥云.日元国际化及其对人民币的启示［D］.复旦大学博士论文，2011.

［95］杨现领.美元锚的退出与人民币国际化［D］.华中科技大学博士论文，2011.

［96］杨长江，钟宁桦.购买力平价与人民币均衡汇率［J］.金融研究，2012（1）：36-50.

［97］易丹辉.数据分析与EViews应用［M］.北京：中国人民大学出版社，2009：161-174.

［98］余永定.从当前的人民币汇率波动看人民币国际化［J］.国际经济评论，2012（1）：18-26.

［99］张斌，徐奇渊.汇率与资本项目管制下的人民币国际化［J］.国际经济评论，2012（4）：63-73.

［100］张纯威.人民币现实均衡汇率的历史轨迹与未来走——基于一般均衡框架下多方程结构模型的分析［J］.数量经济技术经济研究，2007（6）：65-73.

［101］张礼卿.汇率制度变革——国际经验与中国选择［M］.北京：中国金融出版社，2005：288-292.

［102］张明，何帆.人民币国际化进程中在岸离岸套利现象研究［J］.国际金融研究，2012（10）：47-54.

［103］张青龙.人民币国际化问题研究［D］.复旦大学博士论文，2006.

［104］张陶伟，杨金国.人民币NDF与人民币汇率失调关系的实证研究［J］.国际金融研究，

2005（10）：49–54.

［105］张晓朴.均衡与失调：1978—1999人民币汇率合理性评估［J］.金融研究，2000（8）：
13–23.

［106］张晓朴.人民币均衡汇率的理论与模型［J］.经济研究，1999（12）：70–77.

［107］张晓朴.人民币均衡汇率研究［M］.北京：中国金融出版社，2001：30–36.

［108］张谊浩、裴平、方先明.中国的短期国际资本流入及其动机——基于利率、汇率和
价格三重套利模型的实证研究［J］.国际金融研究，2007（9）：41–52.

［109］张志超.汇率制度理论的新发展：文献综述［J］.世界经济，2002（1）：13–22.

［110］张志超.略论人民币汇率制度的选择［J］.国际经济评论，2003（11）：9–13.

［111］张志文，白钦先，汇率波动性与本币国际化：澳大利亚元的经验研究［J］.国际金融
研究，2013（4）：52–63.

［112］赵进文、张敬思.人民币汇率、短期国际资本流动与股票价格——基于汇改后数据
的再检验［J］.金融研究，2013（1）：9–23.

［113］赵然.汇率波动对货币国际化有显著影响吗？［J］.国际金融研究，2012（11）：
55–64.

［114］赵西亮、赵景文.人民币均衡汇率分析：BEER方法［J］.数量经济技术经济研究，
2006（12）：33–42.

［115］郑之杰.人民币国际化战略思考［J］.中国金融，2014（6）：9–12.

［116］中国人民银行."人民币汇率制度"的内容［R］.中国人民网站，2010–09–15.

［117］中国人民银行.中国人民银行新闻发言人就扩大人民币汇率浮动幅度答记者问［R］.
中国人民银行网站，2014–03–18.

［118］中国人民银行货币政策分析小组.2014年第三季度中国货币政策执行报告［R］.2014.

［119］中国社科院世界经济与政治研究所课题组.香港离岸人民币市场的问题与风险［J］.
中国金融，2011（20）：49–50.

［120］中国银行.跨境人民币指数（BOC CRI Monthly）–2014年9月份指数［R］.中国银行网站.

［121］中国银行.离岸人民币指数（BOC ORI Quarterly）–Index for 3rd Quarterly of 2014［R］.
中国银行网站.

［122］中国银行.中国银行人民币国际化业务白皮书——走进全球财富500强的人民币
（2014年度）［R］.中国银行网站，2014–11.

［123］周弘、彼得·荣根、朱民.德国马克与经济增长［M］.北京：社会科学文献出版社，

2012：76，183，207.

[124] 周先平，李标.境内外人民币即期汇率的联动关系——基于 VAR-MVGARCH 的实证分析 [J].国际金融研究，2013（5）：4-14.

[125] 周小川.人民币资本项目可兑换的前景和路径 [J].金融研究，2012（1）：1-19.

[126] 祝元荣，王超.离岸人民币市场均衡及政策 [J].中国金融，2014（16）：76-77.

[127] 宗良，李建军.人民币国际化的目标与路线图 [J].中国金融，2012（13）：56-57.

[128] 邹宏元，李晓斌.人民币汇率偏离均衡程度的估计：在宏观经济平衡框架下的分析[J].国际金融研究，2008（10）：68-74.

[129] Barry Eichengreen，Masahiro Kawai.Issues for Renminbi internationalization：An Overview [WP].ADBI Working Paper Series，2014（454）：3-19.

[130] Chen-yuan Tung，Guo-chen Wang，Jason Yeh.Renminbi Internationalization：Progress，Prospect and Comparison [J].China & World Economy，2012（5）：63-82.

[131] David K.Ding，Yiuman Tse，Michael R.Williams.The Price Discovery Puzzle in Offshore Yuan Trading：Different Contributions for Different Contracts [J].Journal of Futures markets，2014（2）：103-123.

[132] David Leung，John Fu.Interactions between CNY and CNH Money and Forword Exchange Markets [N].HKIMR Working Paper，2014（13）：1-33.

[133] Dong He，Lillian Cheung，Wenlang Zhang and Tommy Wu.How Would Capital Account Liberalization Affect China's Capital Flows and the Renminbi Real Exchange Rates？[J].China & World Economy，2012（6）：29-54.

[134] Eswar Prasad，Lei（Sandy）Ye.The Renminbi's Role in the Global Monetary System [N].IZA Discussion Paper，2012（6335）.

[135] He Dong.One Currency Two Markets：Causality and Dynamic between the CNY and CNH Markets [N].HKMA Woking Paper，2011.

[136] Hung-Gay Fung，Jot Yau.Chinese offshore RMB Currency and Bond Markets：The Role of Hong Kong [J].China & World Economy，2012（3）：107-122.

[137] Hyoung-kyu Chey.Can the Renminbi Rise as a Global Currency？The Political Economy of Currency Internationalization [J].Asian survey，2013（2）：348-368.

[138] Jong-Wha Lee.Will the Renminbi Emerge as an International Reserve Currency？[J].The World Economy，2014（1）：42-62.

［139］Kiyotaka Sato, Junko Shimizu, Nagendra Shrestha , Zhaoyong Zhang.New Estimates of the Equilibrium Exchange Rate: The Case for the Chinese Renminbi［J］.The World Economy, 2012（4）: 419–443.

［140］Luke Deer, Ligang Song.China's Approach to Rebalancing: A Conceptual and Policy Framework［J］. China & World Economy, 2012（1）: 1–26.

［141］Michael Funke, Marc Gronwald.The Undisclosed Renminb Basket: Are the markets Telling us Something about Where the Renminbi–US Dollar Exchange Rate is Going ? ［J］.The World Economy, 2008（12）: 1581–1598.

［142］R Sean Craig, Changchun Hua, Philip Ng, Raymond Yuen. Development of the Renminbi Market in Hong Kong SAR: Assessing Onshore–Offshore Market Integration［N］.IMF Working Paper, 2013（268）.

［143］Roberta Colavecchio, Michael Funke.Volatility Transmissions between Renminbi and Asia–Pacific On–shore and Off–shore U.S. Dollar Futures ［J］. China Economic Review, 2008（19）: 635–648.

［144］Ronald McKinnon, Gunther Schnabl.China's Exchange Rate and Financial Repression: The conflicted Emergence of the RMB as a International Currency［J］.China & World Economy, 2014（3）: 1–35.

［145］Samar Maziad, Joong Shik Kang.RMB Internationalization: Onshore/Offshore Links［N］. IMF Working Paper, 2012（133）.

［146］Vallée, Shahin.The Internationalisation Path of The Renminbi［N］.Bruegel Working Paper, 2012（5）.

［147］Wendy Dobson, Paul R. Masson.Will the renminbi become a currency ? ［J］.China Economic Review, 2009（20）: 124–135.

［148］Yajie Wang, Xiaofeng Hui.Estimating Renminbi（RMB）Equilibrium Exchange Rate［J］. Journal of Policy Modeling, 2007（3）: 417–429.

［149］Ye Qian, Lin Dan–yan, A measurement of Renminbi Equilibrium Exchange Rate and Misalignment（1994–2010）Based on BEER Model［J］.Advances in information Sciences & Service Sciences, 2012（5）: 88–89.

后　记

　　本书即将出版，我想就本书内容及 2015 以来人民币国际化的新变化再谈一下自己的认识。

　　本书分析人民币名义汇率决定的市场框架仍然适用。2015 年以来，人民币国际化取得更大进展，如人民币在跨境收付中占比持续提高、离岸人民币市场规模不断扩大、人民币被纳入国际货币基金组织特别提款权货币篮子等，同时人民币汇率形成机制改革持续推进，人民币汇率弹性继续增强，但"人民币名义汇率变化主要取决于以国际收支为基础的外汇供求状况"这一本质没有变化。因此，人民币名义汇率决定的市场框架没有变化，本书的分析框架和方法仍有适用的价值。

　　人民币国际化进程中的一些因素对人民币汇率产生的影响更加显著，更加凸显本书研究的价值。2019 年，人民币跨境收付在本外币跨境收付总金额中占比达 38.1%，创历史新高。离岸人民币存款规模近几年延续增长态势。金融市场更加开放，证券投资收支规模不断扩大，其差额对国际收支差额的影响更加显著。人民币汇率形成机制改革持续推进，人民币汇率弹性继续增强。这些因素都是本书中纳入人民币汇率决定分析的因素。

　　人民币国际化进程中影响人民币汇率的一些因素发生了较大变化，需结合最新数据进一步研究。如跨境人民币收付在 2015 年之前基本为净流出，随着证券市场对外开放力度的加大，跨境人民币收付逐渐转为净流入。中国人民银行发布的《2020 年人民币国际化报告》显示，2019 年人民币跨境收付净流入3 606 亿元，同比增长 1.3 倍，其中跨境证券投资净流入 6 219 亿元。此外，人民币境内外汇差趋于收窄，2019 年全年离岸在岸日均汇差为 96 个基点，较

2018 年缩小 32 个基点。这些变化对人民币汇率决定有何影响，需结合最新数据开展进一步研究。

我会在以后的工作中关注上述变化，继续关注人民币国际化进展、国际收支变化、人民币汇率走势，理论联系实际，持续思考和研究人民币汇率的决定和管理问题。

感谢我的博士导师吴念鲁教授，吴老师是我国著名国际金融学家，对我博士论文给予了悉心指导，得知此书出版，又欣然拨冗为之作序并撰写推荐语，提携后进之情令我难忘，他对我的无私关怀和支持，使我更增添了持续钻研的动力；感谢北京理工大学的马秋君教授，马老师是我的硕士导师，感谢她对我的指导，以及一直以来的关心和支持，此次她也欣然为本书撰写推荐语；也感谢一路走来其他指导过我的师长。

感谢本书的责任编辑张翠华老师，张老师细致耐心，为本书出版付出很多精力；感谢本书责任校对潘洁老师；也感谢中国金融出版社为此书出版付出辛劳的其他工作人员。

感谢中国人民银行营业管理部（国家外汇管理局北京外汇管理部）的领导和同事们，感谢大家在工作中对我的指导和帮助；感谢我的家人，你们让我体会到人生的美好，也让我拥有努力前行的动力。

卜国军

2020 年 12 月 26 日